LA PSICOLOGÍA DEL BIENESTAR

COLECCIÓN FÉLIX VARELA # 41

EDICIONES UNIVERSAL, Miami, Florida, 2010

JORGE SALAZAR-CARRILLO

LA PSICOLOGÍA DEL BIENESTAR

Copyright © 2010 by Jorge Salazar-Carrillo

Primera edición, 2010

EDICIONES UNIVERSAL
P.O. Box 450353 (Shenandoah Station)
Miami, FL 33245-0353. USA
Tel: (305) 642-3234 Fax: (305) 642-7978
e-mail: ediciones@ediciones.com
http://www.ediciones.com

Library of Congress Catalog Card No.: 2009943003
ISBN-10: 1-59388-185-1
ISBN-13: 978-1-59388-185-6

Composición de textos: María C. Salvat Olson

Portada: diseño de Luis García Fresquet /
Foto montaje de Nury A. Rodríguez

Todos losderechos
son reservados. Ninguna parte de
este libro puede ser reproducida o transmitida
en ninguna forma o por ningún medio electrónico o mecánico,
incluyendo fotocopiadoras, grabadoras o sistemas computarizados,
sin el permiso por escrito del autor, excepto en el caso de
breves citas incorporadas en artículos críticos o en
revistas. Para obtener información diríjase a
Ediciones Universal.

ÍNDICE

Agradecimientos. 7

I   Introducción. 9

II   El Sentido de La Vida. 11

III El Comportamiento: Innato o Aprendido? 23

IV Pensamiento, Emoción, Imaginación, y Comportamiento..... 37

V   El Libre Albedrío, El Poder de la Voluntad y La Fe. 51

VI *Mens Sana in Corpore Sano*. 61

VII El Amor, El Trabajo y La Felicidad 71

VIII La Aceptación y El Cambio 77

IX La Conciencia De La Inconsciencia 91

X   Sumario y Conclusiones. 97

AGRADECIMIENTOS

Este libro está dedicado al Reverendo Padre Juan B. Cortés, Ph.D., miembro de la Orden de la Compañía de Jesús (Jesuitas), y alicantino distinguido, fallecido hace pocos años. El mismo refleja en gran parte las charlas que sostuvimos mientras el era Profesor y Decano de Psicología, y yo de Economía, en la Universidad de Georgetown, en Washington, D.C. Debo agradecer también al Doctor Ramón Boza, Profesor de Psiquiatría de la Escuela de Medicina de la Universidad de Miami, por sus comentarios y sugerencias al revisar este libro. Igualmente al Padre José Pascual Burgués, Sch. **P.,** Rector de la Casa de los Escolapios en Miami, por sus indicaciones después de la lectura del mismo. Finalmente a Daniel Murgo Ph.D., por su apoyo multifacético durante las varias revisiones del manuscrito. Por lo demás, todos quedan eximidos de responsabilidad por los conceptos vertidos en este libro.

Jorge Salazar-Carrillo

I

INTRODUCCIÓN

a) Objetivo del Libro

Nos proponemos brindar una síntesis que ayude al lector a encontrar un bienestar psicológico como consecuencia de su lectura. Siempre nos ha parecido que el bienestar económico es insuficiente, y pudiera hasta ser contraproducente. Nuestras experiencias y examen del acontecer humano nos han mostrado que los bienes materiales no engendran satisfacción interior. Esto es así tanto para individuos, familias, grupos, ciudades, regiones o países.

Para conseguir el bienestar psicológico la ruta es la vía del espíritu. En la gran mayoría de los casos, si en vez de concentramos en conseguir bienes materiales, nos proponemos mejorar nuestra psiquis, tampoco conseguimos el bienestar psicológico, a menos que aceptemos la gran influencia de lo espiritual. Pareciera que el enfoque filosófico es superior al económico y al psíquico para proveer las respuestas en las que se basa el verdadero bienestar. La economía y la psicología son muy centradas en las rutas directas e individuales para obtener el mismo, dado que este objetivo muchas veces parece estar ligado con el olvido de sí, y la entrega a los demás.

Son solamente la filosofía y la teología las que se preocupan seriamente por algo que casi por definición es incomprensible, y que llamamos la fe. La economía y la psicología tratan, indirectamente la primera, y directamente la segunda, de la confianza en sí mismo. Pero esta es solamente una de las tantas facetas de la fe. Sólo las primeras disciplinas enfrentan seriamente el concepto de la fe en su totalidad. Para entender el concepto de bienestar psicológico, es esencial examinar la fe como guía del comportamiento humano. En un conocido aforismo inglés se afirma que *knowledge will set you free;* pero para conocer e inteligir es necesario tener fe *(credo ut intelligam),* lo cual hace de la misma la base de todos los logros de la humanidad. En la fe, que proviene de, y al mismo tiempo aviva el espíritu, nos apoyaremos en este breve libro, dedicado a contribuir a la consecución del bienestar del ser humano.

b) Naturaleza del Libro

Para explicar el concepto de bienestar psicológico nos tenemos que apoyar en la fe y la vida espiritual. Examinaremos como contraste las diferentes avenidas que nos podrían brindar el pensamiento, la introspección, y la lectura, para alcanzar nuestros objetivos. Llegaremos a la conclusión que las mismas de por sí no brindan caminos prometedores, a menos que sean templados por la espiritualidad y la fe o confianza.

El pensamiento y la lectura resultan fallidos por el principio científico de que nada puede ser probado. Los razonamientos introspectivos tienen la tendencia natural al sesgo emocional, a suposiciones ocultas, y a la auto-justificación. El pensar, fácilmente se torna excesivo, al encarar la verdad esencial de que no conocemos las explicaciones de las cosas más simples de la vida. Si comprendemos estos principios básicos del conocimiento humano, podremos evitar muchas de las trampas psicológicas en las que caemos al tratar de entender la vida. En fin, la vida es un arte, como bien nos mostraba André Maurois en su famoso libro *El Arte de Vivir.*[1] Si no contamos con el timón de la fe, y con la inmanencia de la espiritualidad, el tratar de obtener el bienestar psicológico a través de hacernos muy conscientes de las cosas, y lograr entender las mismas a cabalidad, nos puede llevar a la disfuncionalidad. En este libro nuestro enfoque habrá de ser completo (holístico). Utilizaremos todas las armas cognitivas, pero siempre dirigidas por la fe'[2] y la espiritualidad, y seguros de las contribuciones que nos ofrecen la intuición y la emoción, al logro de nuestros propósitos.

---

[1] Como también Lin Yutang en *La Importancia de Vivir.*

[2] De la que se deriva la fe en nosotros mismos, derivada del *primus movens* de Santo Tomás de Aquino, Dios mismo.

II

EL SENTIDO DE LA VIDA

a) El Misterio

Como en un enorme cohete en el espacio, los seres humanos nos desplazamos vertiginosamente por un medio que muy poco conocemos. Los que más se han dedicado a escudriñar y pensar en esta nave espacial comprenden que no sabemos a ciencia cierta de nada. Abundan las hipótesis y teorías, pero nada puede ser *probado*. Hemos aprendido las relaciones entre algunas cosas, pero estas explicaciones sólo conducen a conocer cómo mejor utilizarlas, pero no es claro que nos aseguren el porqué de las mismas.

Sabemos que damos vueltas al sol, como egoísticamente obsesos con el mismo, ya que es fuente de toda la vida. Pero no comprendemos a qué le da vueltas nuestro sistema planetario dentro de la galaxia láctica (pareciera ser un hoyo negro) que también voltea a su vez a través del cosmos.

Pero nuestra incapacidad no disipa el ardor de nuestro examen y lo agudo de nuestras preguntas: necesitamos tanto saber como vivir. Tenemos una curiosidad inmanente en nuestro ser, y la llama viviente que arde más fuertemente es la trascendental. ¿Somos? ¿Qué? ¿Para qué?' Necesitamos explicarnos de dónde venimos, porque venimos, y hacia dónde vamos después de morir. Nos resistimos a aceptar que nuestra existencia sea efímera. Tiene que haber una razón para todo esto, nos decimos. No tiene sentido el estar fundamentalmente presos por la materia en un proyectil celestial cuyo movimiento es limitado dentro de la inmensidad del universo.

---

[3] Debatiendo, aunque parezca increíble, estos ternas, perdidos en las montañas del sur de México, con descendientes de la raza maya, se recibió esta respuesta de un indígena. «Sernos. Porque si no sernos, ¿para qué carajo sernos?»

Pocos tienen otros medios que el raciocinio para elucubrar; pero debemos aceptar que la materia gris es tan escasa y deficiente como todo lo demás en nuestra nave espacial. Es más, nuestro limitado poder cerebral tiene que concentrarse en resolver los reclamos básicos de la existencia, dada la escasez de recursos con que chocan nuestros deseos. Nuestra mente acaba gastándose en la resolución de problemas terrenales en relación con los cuales medimos nuestro bienestar, tratando de exprimir la mayor satisfacción de la constreñida disponibilidad de bienes que desentrañamos de la naturaleza. Pero la persecución de tal bienestar termina inutilizando nuestra inteligencia para dar respuesta a las preguntas trascendentales. Y hasta desvía grandemente la atención de aquellos que gozan de los poderes intuitivos y místicos para poder encontrar la esencia de las cosas.

b) Cuestionando: el Universo y la Molécula

De aquellos que se han valido de la razón y la lógica[4] para desenredar la trama de la existencia, los que mayor provecho han logrado son los cientistas que han estudiado lo más grande y lo más pequeño. Estos que han procedido, siguiendo la teoría cuántica, a examinar el interior de un átomo; y aquellos que examinan las grandes magnitudes cosmológicas. Los últimos creen que el mundo es complejamente determinístico, habiendo leyes naturales que lo rigen, ya fueran sus fenómenos perceptibles o no por los sentidos.[5] Los primeros consideraron que el mundo de las partículas sub-atómicas al menos, parecía regirse por la indeterminación probabilística de los juegos de azar.

Los teóricos cuánticos han prevalecido con el tiempo por la aceptación del principio de la incertidumbre postulado por Werner Heisen-

---

[4] Esta comenzó con Aristóteles, continuando con San Agustín y Santo Tomás de Aquino, que sentaron normas que aun se aplican.

[5] Como dijo tal vez el máximo exponente de este tipo de científico, Albert Einstein: *«Gott würfelt nicht»*. De acuerdo con este *dictum,* Dios no es proclive al juego de dados o a establecer el azar como la base de las leyes del universo. Esta creación ordenada que percibimos, no sólo se basa en varias dimensiones (percibidas o no) de tipo lógico-matemático, sino que incluye además el tiempo como una dimensión, según estableciera San Agustín hace 16 siglos, y ahora comprueban los cosmólogos más eminentes.

berg, quien concentrándose en el mundo cuántico infinitesimal logró ilustrar como era prácticamente imposible medir simultáneamente la posición y el movimiento de una partícula atómica. Este principio parecía afectar el conocimiento de toda la creación, ya que también establecía la influencia del experimentador sobre la realidad observada. Al aplicar estos principios a electrones o fotones, encontramos que una implicación de todo lo anterior es que estas efímeras partículas de energía pueden considerarse ubicuas, ocupando más de un lugar del espacio al mismo tiempo. Es más, las mismas aparentemente se ubicaban donde el experimentador querría encontrarlas. De aquí se puede deducir el antropocentrismo que expresa que todo lo que percibimos se puede concebir con el propósito de que el ser humano se percate de su existencia.

Después de lo anterior no es difícil pensar que la única dimensión satisfactoria es la espiritual. Nada de lo material puede explicarse con certeza, que es lo que reclama su tangibilidad. Por otro lado, lo espiritual no reclama una comprobación lógico-científica, sino la creencia basada en la fe. Lo que se requiere es un convencimiento anímico que parte del espíritu (y para el cual el raciocinio es sólo una palanca de apoyo) y que fundamentalmente proviene de fuerzas inmanentes interiores, que definen lo que aceptamos. Por tanto, la estrella guía de nuestro deambular en la oscura caverna que es la realidad material, es el mantenimiento de nuestro comportamiento completo u «holístico», iluminado por el faro de las inspiraciones trascendentales que son las únicas que pueden definir el camino.

c) El Espíritu, la Mente y el Cuerpo

Es bien conocido que existen relaciones íntimas entre la mente y el cuerpo. Psiquiatras y psicólogos han establecido las conexiones estrechas entre los pensamientos, las emociones, las creencias y otras manifestaciones mentales, y el comportamiento del organismo. Estos profesionales también han concluido que la fisiología corporal a su vez influye sobre los estados de la mente y sus manifestaciones. Mucho menos investigada ha sido la conexión del espíritu con la mente y el cuerpo. Pero muchos filósofos, teólogos y algunos miembros de las profesiones arriba citadas, han encontrado que la religiosidad, y la relación del ser humano consigo mismo, expresada a través de su auto-juicio, determinan claras reacciones en su mente y su cuerpo. Habría que transformar el viejo *dictum* en *«mens et anima sanae in corpore sano»*.

Realmente podríamos definir al ser humano entero como compuesto de estas tres partes: espíritu, mente y cuerpo»[6]. Si falta alguna de ellas no podríamos definir al hombre integral. Los tres componentes constituyen características necesarias y suficientes para constituir un todo.

Sin embargo, si tuviésemos que escoger dónde radica la primacía, nos parece que habría que adjudicarla al espíritu. Los 15,000 años de registros históricos muestran una fuerza constante que inspira y dirige al ser humano: la religiosidad espiritual. La cualidad esencial del espíritu es necesaria para actuar con el cuerpo y la mente. Si no creemos no podemos inteligir mentalmente o utilizar los sentidos corporales *(credo ut intelligam)*, como hemos escrito antes.

d) Lieben und Arbeiten

La vida puede ser muy complicada si no dejamos que el espíritu guíe a la mente y al cuerpo. El existir significa estar continuamente enfrentando peligros reales o imaginarios. Inclusive los reales tenemos que imaginarlos para poder reaccionar de alguna forma ante ellos, aunque esto acabe siendo el ignorarlos, cuando no constituyen una amenaza.

Si examináramos una mínima parte de los trillones de pensamientos diarios que conservadoramente estimamos que pasan, consciente, subconsciente o inconscientemente, por nuestras mentes, no podría-

---

[6] Desgraciadamente el racionalismo de Descartes separó el espíritu, ubicándolo en la glándula pineal, creando mucha confusión en la psiquiatría y la psicología, al tratar de separar lo espiritual, de la integralidad del ser humano. Yo prefiero invertir su frase: *cogito ergo sum*, y afirmar: *sum, ergo cogito*.

mos vivir.' Especialmente cuando una buena parte de los mismos está acompañada de preocupaciones. Por ello, desde muy temprano en la edad infantil desarrollamos el instinto, ayudados por la reafirmación y confianza que nos ofrecen nuestros padres y los adultos más cercanos, de como creyentes, ordenar estos pensamientos y preocupaciones, y desbrozar los mismos hasta dejar sólo los esenciales. Este acto intuitivo de fe que nos permite seguir adelante sin abrumarnos en disquisiciones, es gestado por nuestro espíritu.

¡Cuán prodigioso es este logro! Analizando nuestros estímulos mentales podemos comprobar que los mismos, como ya sugerido anteriormente, son combinaciones de pensamientos, emociones, imágenes, reacciones corporales y un trasfondo inmanente y automático de ruido *(noise)*.[8] Por ello para vivir sanos de mente y cuerpo es imprescindible concentrar nuestra vida en las creencias y esencias que emanan de nuestro espíritu, sin dejarnos confundir o perturbar por nuestra febril actividad mental.

Sigmund Freud, sin entender mucho de la vida espiritual, ya que inclusive lo poco que captó de la misma lo plasmó en su débil concepto del *super-ego,* se percató de que la esencia de la vida era el amor y el trabajo *(lieben und arbeiten).* Sólo si vivimos la vida mirando continuamente hacia las cosas reales y positivas, y guiados por la fe y la intuición del espíritu, evitaremos perder la misma en las peteneras o impertinencias que genera nuestra mente, y en menor medida nuestro cuerpo. Estas últimas son tendencias de nuestro pasado animal, como el reflejo de pelear o huir *(fight or flight response),* que son útiles pues nos alertan del peligro, pero que deben ser pasadas por el

---

[7] Una computadora con inteligencia artificial que procesa cinco billones de instrucciones por segundo, equivale a las operaciones del sistema cerebro-espinal de un niño.

[8] Es bien difícil percatarse de este último factor que ejemplifica la prodigiosa simultaneidad de nuestra esencia tridimensional: espíritu, mente y cuerpo. Vale la pena ilustrar que Beethoven a veces se quejaba de que no podía parar la música que le emergía espontánea y continua de su cabeza. Me apuntó el Dr. Ramón Boza que durante el sitio de Leningrado, en la Segunda Guerra Mundial, el famoso músico compositor Shostakovitch había sufrido una herida de shrapnel en la cabeza, y de acuerdo con la posición de la misma, surgían melodías. Por supuesto, nunca quiso extraerse el metal de su cerebro.

tamiz del espíritu, siempre concentrado en la esencia de nuestro vivir terrenal: amar y trabajar.

e) Deseos Trascendentales de Reposo Eterno

¿Quién soy yo? ¿Dónde estoy? Estas preguntas repican de vez en cuando en la conciencia de todo ser viviente. La única respuesta que podemos ofrecer requiere la fe, la cual es prerrogativa del espíritu. La mente, guiada por la ciencia, ha devanado nuestros sesos sin producir respuestas definitivas. Sabemos, como científicos, que las mismas nunca vendrán, ya que nada puede ser probado. La evolución de la ciencia sólo conduce a las mejores explicaciones que existen en cada momento, pero no las finales y definitivas. Esto es lo mayor a lo que pueden aspirar las llamadas leyes científicas. Estas explicaciones llamadas leyes adolecen de la debilidad más patente cuando queremos contestar las preguntas de tipo trascendental, como aquellas con las que comenzamos este párrafo. Entonces la ciencia nos envía a la metafísica, que se ocupa de las causas fundamentales del acontecer.

Es más, cuando meditamos estas preguntas nuestras fuerzas interiores nos llevan a remitirnos a lo sobrenatural para contestarlas. De nuestros tres componentes constitutivos es el espíritu el punto de apoyo fundamental para lo sobrenatural, y la correspondiente palanca operativa es la fe. Sentimos que nuestro destino va mas allá que el peregrinar de, cuando más un siglo, en este universo. Que fuimos creados y situados dentro del resto de la creación con un propósito que intuimos.

Debemos guiar nuestro quehacer mundano con la conciencia de que nuestra brújula ha de ser la vida del espíritu, y que esta sólo puede ocurrir parcialmente en nuestra vida material, y que tendrá lugar plenamente cuando desemboquemos en los nuevos horizontes que abre el fin de la vida terrenal.' Si estamos conscientes de que este es nuestro verdadero destino, nada nos preocupará durante nuestra existencia mundana. Así nos contestamos provisionalmente las dos preguntas conque comenzamos esta sección, aunque sabemos que final

---

[9] Como decía San Pablo, ni ojos vieron, ni oídos oyeron lo que Dios nos tiene reservado.

y completamente, y sin necesidad de la fe, sólo las entenderemos en la primacía de la vida del espíritu que nos aguarda.

f) El Vivir es un Arte

Nuestro pasaje terrenal no deber ser cuestionado o analizado. La vida es para vivirla y no para analizarla. Si nos centramos en las explicaciones perdemos el sentido de nuestro verdadero destino, y nos damos de traspiés con las cosas más simples. Concedemos importancia a las cuestiones más efímeras, y nos enredamos en la vacua odisea de explicarnos nuestras propias existencias, tan fatuamente como los científicos tratan de entender la naturaleza. Pero mucho peor, porque somos sujeto y objeto de un mismo experimento, y perdemos nuestra genuinidad. Por ello el truco de los que mejor han vivido, es mirar esta existencia con los ojos del espíritu, y afianzarla en la fe.

La vida debe ser un ocurrir inmanente durante el cual llevamos a cabo nuestro peregrinaje guiados por un destino trascendental. Esto nos lleva a un quehacer que es la expresión intuitiva de nuestra esencia, la cual por definición no puede ser cuestionada. Hemos sido creados por Dios con cualidades que superan nuestras aparentes limitaciones. Por ello Jesús, al preparar a los apóstoles para la predicación, les sugería no pensar en lo que iban a decir de antemano, sino a dejarse llevar del corazón (espíritu). Esto explica igualmente el convencimiento de San Pablo cuando exclamaba: Todo lo puedo.[10] No es necesario agregar que es a través del Espíritu del Verbo y del Creador que esto se hace posible, porque ésta es la base de la creación.

Si entendemos que así de simple es el deambular terreno, nunca tendremos que acudir a otros para explicarnos nuestra existencia, ya que la comprenderemos intuitivamente a través de la vida del espíritu. ¿Cuántas horas de psicoterapia serían innecesarias si entendiéramos, como decía el poeta Antonio Machado, que no hay camino, sino que

---

[10] En *Filipenses*, 4, 13.

éste se hace al andar? Y en el mismo, nuestro cayado es la fe del espíritu.

g) Dirección Interna

Muchos de los problemas de aquellos que se cuestionan todas las dificultades de la vida material surgen de la carencia de auto-respeto y auto-estima. Estas personas, que no entienden la importancia de encontrar la brújula que llevamos dentro, no se conceden valor a sí mismos. ¿Sorprendería esto a cualquiera, al saber que ello sucede cuando nos equiparamos a la materia? Vemos claramente que la misma es evanescente, imperfecta y sujeta al deterioro. Si solamente nos entendemos como cuerpo, y hasta en término de reacciones eléctricas y químicas en nuestra mente, como no vamos a entrar en la auto-depreciación. Es la vida anímica y espiritual que se nutre de la fe, la que nos puede hacer salir del marasmo.

Se conoce bien la disputa entre pensadores y filósofos basados en las ideas de dos gigantes del pensamiento cristiano, San Agustín y San Anselmo. Estas dos mentes extraordinarias diferían en cuanto a la antelación de la fe o del raciocinio en el proceso de obtener el conocimiento, dando por sentado de que ambos eran componentes fundamentales del mismo." Sea cual fuere la que viene primero, es necesario subrayar que sin fe no puede conocerse, porque para ello hay que estar convencido de que uno puede inteligir, y que otros seres humanos lo han hecho anteriormente.[12]

De la fe surge nuestra auto-confianza, y de nuestras propias (informadas claro está) deliberaciones emergen nuestras conclusiones. Ello requiere que tengamos fe en nosotros mismos, y consecuentemente sepamos valernos de nuestro propio discernimiento como la brújula interior que nos guía.

---

[11] «Credo ut intelligam» segun San Agustín. O «intelligo ut credam» según San Anselmo.

[12] Pascal decía: «Le coeur a ses raisons, que la raison ne connait pas». Y otro pensador apócrifo, que no podemos conocer nada, sólo creerlo o no.

Nuestro Creador nos ha dado el libre arbitrio exactamente para que nos sintamos dignos de El y de nosotros mismos, y determinemos a través de nuestros propios criterios la dirección de nuestra vida. Esta propia dirección interna es la brújula esencial para poder conocer y desenvolverse en el mundo. Constituye el *sine qua non* de nuestra existencia, ya que sin conocer las cosas no podríamos vivir. Si no creemos (tenemos fe) en nosotros mismos, ¿cómo vamos a poder creer y conocer las cosas fuera de nuestra persona? No podemos dar lo que no tenemos. Es necesario comenzar por tener fe en uno mismo para poder después concederla a todo lo que existe fuera de nuestro ser, y que debemos creer y conocer para vivir.

h) Orientación Hacia Fuera

Pero aunque nuestra brújula en el humano deambular ha de hallarse dentro de uno mismo, para verdaderamente realizarse el ser humano debe dirigir sus acciones a satisfacer las necesidades de los que lo rodean. El objetivo que hace al hombre completo es amar y vivir para los demás, y no egoístamente para sí. Esto parecería contradecir el acápite anterior, pero es todo lo contrario. Para conocer y desenvolvernos en el mundo debemos ser nuestros propios guías, pero siempre en los caminos que nos lleven a satisfacer al prójimo. El centrarnos en nosotros mismos como finalidad solamente lleva a la infelicidad. Sólo satisfaciendo a los otros nos sentiremos satisfechos de nosotros mismos.

Jesucristo, el ser humano perfecto, vivió su plenitud sirviendo a los demás. El fue ungido por el Creador para darnos una guía y redimir nuestro pecado original (el egocentrismo). Jesús vivió plenamente compenetrado con los designios del Padre, como su unigénito Hijo. Desde que El dejó plantada la estela de su vida de amor al prójimo como mensaje, todos los que se han preguntado sobre la realización integra del ser humano la hallan en el amor servicial a nuestros semejantes. La psicología y psiquiatría de hoy nos ofrecen el mismo enfoque de orientación hacia los otros.

El querer y servir a los demás son las estelas de vida que nos llevan a estar en paz con nosotros mismos. Al contrario, el ensimismamiento nos lleva a una concentración enfermiza en nuestro ser, que urde continuos soliloquios de auto-preocupación de los que nunca salimos satisfechos. El centrarse en sí mismo es una segura prescripción para devenir un infeliz. *A contrario sensu,* cuando nos damos a los demás recibimos de los otros, y de nosotros mismos, lo máximo de servicio y amor genuinos que podemos encontrar en este mundo. Por eso en *A Course in Miracles* se dice que el amor y la paz nos la damos a nosotros mismos.[13]

i) Recapitulando

En síntesis, los misterios del universo, de la molécula, de nuestro ser, del espíritu, etc., sólo pueden deshilvanarse a través de la propia vida. Y esta debe ser dirigida internamente por nuestra libre voluntad, pero debe orientarse hacia los demás. En este devenir equilibrado encontraremos las respuestas a todas las preguntas, no de una forma filosófica y científica, sino de una manera inmanente y subconsciente. Nuestras guías en este deambular han de ser la fe y el espíritu, que deben marcar la ruta a nuestros instrumentos, la inteligencia y la mente, las cuales deben estar dirigidas a una vida de amor al prójimo *(caritas vincit omnia).*

La frase anterior en latín oculta el gran secreto que sólo comprenderemos totalmente derribando las murallas del misterio de la vida por medio de la caridad o amor. Es amando a los demás como realmente conoceremos el amor que existe en nosotros mismos *(nemo dabit quod non habet).*[14] Es comprendiendo a los demás que lograremos nuestra propia comprensión. Y esto no se obtiene sólo con meditación y contemplación, sino con el quehacer y las buenas obras. El velo de la

---

[3] Foundation for Inner Peace. Mencionado en Gerald G. Jampolsky, M.D., *Love is Letting Go of Fear,* Bantam Books, New York, 1985.

[14] Nadie da lo que no tiene, es un viejo aforismo romano. Anteriormente tenemos la frase atribuida a Lao-Tse, el fundador del Taoismo: «El que se mira a sí mismo no ilumina». Más cercano a nuestros días (Siglo XX), el famoso psiquiatra Carl Jung, discípulo de Sigmund Freud, pero que terminara discrepando de él, decía que sólo si lo damos, sabremos que lo tenemos. Para una visión más amplia del tema ver la Encíclica del Papa Benedicto XVI, *Deus Caritas Est.*

ignorancia no se descorre como resultado de la introspección y la purificación interior, sino a través del proceso indirecto de dirigir nuestra vida a amar a los demás. La felicidad o el nirvana es un corolario de nuestro vivir, pues es a través de los otros que alcanzamos el conocimiento de todo, incluso de nosotros mismos, para lo cual es esencial la paz interior que nos ofrece el amor

III

EL COMPORTAMIENTO: ¿INNATO O APRENDIDO?

a) El Potencial Humano

Los que estudian la vida del infante en el seno materno se maravillan de cuanto se asemeja a la de un niño ya nacido. Es cada vez mas claro que el feto constituye un ser independiente, aunque claramente depende especialmente de su madre para su subsistencia. Sin embargo después de dejar el seno materno esta «dependencia» continúa[15] siendo critica por varios años. Por tanto pareciera evidente que una parte substancial del comportamiento es instintivo, generado desde los primeros momentos de la concepción.

El niño recién nacido también muestra una pasmosa habilidad para definir su propio radio de acción. La mayor parte de su comportamiento esta determinado genéticamente como si lo que fueron sus antepasados le quedara marcado en sus células para guiarlo durante los primeros cortos años de su existencia. Inclusive ahora sabemos que los infantes desarrollan su propio idioma de forma innata, y parecen estar «hablando en lenguas» antes de los tres años. De ahí en adelante ya usan más el idioma bien llamado materno, y el suyo propio cae en desuso.

Al mismo tiempo que este conocimiento inmanente determina la mayor parte del comportamiento en la temprana niñez, sabemos que estos pequeños seres humanos también constituyen esponjas de aprendizaje durante este período. El condicionamiento del futuro hombre o mujer se produce desde casi el comienzo de la vida en el seno materno, pues ciertos sentidos están presentes en el feto, y especialmente el

---

[15] Algunos zoólogos consideran que nunca «somos» completamente, llamando a este fenómeno neotenia. Esta acotación se la debo al Dr. Ramón Boza.

«sexto sentido». Todo esto comienza a dejar su huella en el inmanente caldo primordial definido genéticamente.

b) Nuestras Limitaciones

Pero al igual que la maravilla de la vida le ofrece al ser humano oportunidades innatas o aprendidas para un desarrollo extraordinario de su vida, el hombre nace con algunas limitaciones ya estampadas en su cuerpo, carácter y personalidad. El código genético puede limitar su desenvolvimiento a través de una serie de enfermedades o anormalidades que tocan a algunos. Pero todos quedan afectados, en mayor o menor medida, de aflicciones psicológicas que los acompañarán durante parte o todos los momentos de sus vidas.

Examinando a los bebés se puede notar cuando se sienten afligidos («la tensión *(stress)* del feto»). Antes de nacer ya muestran esas señales cuando el parto se complica. Después del nacimiento se notan claramente señales de ansiedad durante los primeros meses de la vida. Nunca olvidaré el ser testigo de un bebé que con su manita instintivamente se calmaba ensortijándose el cabello. Desde pequeños ya conocemos y expresamos el miedo y la angustia, y nos calmamos nosotros mismos de estas emociones, o pedimos que nos calmen otros. La impresionabilidad y la sugestionabilidad del hombre son aparentes desde temprana edad.

Más adelante comenzaremos a desarrollar otras características más sofisticadas para combatir nuestras debilidades, como el reprimir nuestras experiencias más desagradables. Igualmente inciertos sobre lo que el futuro nos depara, vamos preocupándonos en mayor medida por la inmediatez y las satisfacciones presentes, y desenvolviendo una visión miope de la vida.

c) Asegurando Resultados Positivos Netos

Para cumplir con los propósitos y las satisfacciones potenciales de la vida terrenal tenemos que enfrentarnos sin represiones, angustias y miedos a nuestra propia naturaleza. Hemos recibido del Eterno la capacidad para siempre hallar la solución a cada problema. Algunos llaman las soluciones que acompañan aparejadas a cada problema «las menos malas». Yo prefiero valorizar este hurgar llamándolas «las más buenas». Pero aún más importante es reconocer que las personas tienden normalmente a concentrarse en los problemas, y no a orientarse hacia las soluciones.

Sin embargo debemos cuidarnos de caer en la tendencia a negar (la palabra en inglés es *denial*) los problemas que confrontamos, pues de esa manera nos continuarán martirizando. En ciertos casos esas tendencias de la naturaleza humana son tan enrevesadas que constituyen una enfermedad psicológica bien definida, como la llamada disonancia cognitiva *(cognitive dissonance)*. Las personas que padecen de esta dolencia común, experimentan, perciben y entienden ciertos hechos, pero los interpretan de forma tal que acaban por ocultar y tergiversar la verdad que ellos encierran, derivando falsas conclusiones. En este contexto debemos recordar las palabras de Jesucristo: «sólo la verdad los hará libres».

Otro grave defecto del ser humano es su comportamiento consuetudinariamente emotivo, que generalmente se combina con el problema anterior. Los psicólogos cognitivos, con Albert Ellis a la cabeza, han descrito cómo reaccionamos ante un estímulo *(action)*, simplificándolo a través del esquema nombrado ABC. Se comienza por el estímulo que percibimos en nuestra mente (A); éste es seguido por una cognición o pensamiento *(belief)* (B) que lo evalúa; y termina en una reacción emotiva, una acción determinada, o ambas *(consequence)* (C). Desgraciadamente nuestra naturaleza tiene la tendencia a que en la etapa (B) nos acosen pensamientos o creencias irracionales, (o negativos, como podrían llamarse por sus resultados) que provocan reacciones emotivas y/o actuaciones mal dirigidas.

d) Diferencias con los Instintos Animales

Somos parte del reino animal, y compartimos un bagaje genético muy similar con ellos. Sin embargo, nos separa una gran diferencia mental. Sólo los hombres tienen alma, espíritu y conciencia propia, mientras los otros animales, cuando más, tan sólo tienen un cerebro instintivo que puede ser entrenado trabajosamente.

Esto significa que para sus propósitos y satisfacciones en este mundo, los animales están fundamentalmente programados por el instinto. Pero con nuestras mayores dotes mentales y espirituales nos viene el libre albedrío y la conciencia. No vivimos pre-programados, pero esto nos acarrea el ser responsables de nuestros propios actos, y todas las preocupaciones que esto envuelve. No podemos reaccionar mayormente impasibles a los estímulos que nos llegan, con sólo el instinto como la etapa intermedia (B). Somos conscientes, en contraste con los animales, de nuestro propio poder de decisión, y ello nos hace presa de algunas de las aflicciones psicológicas que acabamos de citar.

Aunque los hombres también se mueven por fuerza instintivas, estas son mucho más moderadas por la aculturación y el libre albedrío. Mientras que el súper-ego Freudiano nos lleva a que nuestra conciencia esté continuamente evaluando, consciente o sub-conscientemente, nuestras acciones y hasta nuestros pensamientos. Eso lleva al ser humano a unas dudas y un quehacer psicológico que contrasta con la relativa impasividad de los animales, aunque estos también pueden reflejar emociones simples.

e) *Instinto, Intuición y Razón*

Recientemente se ha reevaluado la contribución de los factores genéticos y biológicos en el comportamiento humano, concluyéndose que su importancia es mayoritaria. Los factores de la enseñanza familiar y el medio ambiente, con sus normas aprendidas que devienen de los hábitos, costumbres, tradiciones y decisiones maternas y paternas sobre la conducta del infante y el niño, están pasando a un plano secundario. Muchas de las cosas que hacemos son instintivas, y las llevamos a cabo ya sea que las queramos o no. Estamos programados para la locomoción, la conversación, la vida gregaria, etc. Nuestro lenguaje, pensamientos, sentimientos y demás características básicas del *horno sapiens sapiens,* son parte intrínseca de la naturaleza humana, que están inscritas en nuestro cerebro casi como las actividades reflejas y automáticas envueltas en el latir del corazón y el respirar. Por ello cuando algunos filósofos griegos (como los sofistas presocráticos) se preguntaban cómo era que los seres humanos caminaban, el filósofo cínico Diógenes se locomovía y decía que esa era la manera de hacerlo. Esas cuestiones eran dadas por antonomasia, y no eran propias de disquisiciones filosóficas.

También desde el momento de la concepción nos caracteriza la dicotomía entre la intuición y la razón. De alguna forma los seres humanos son capaces de llegar a una conclusión de un tirón, sin seguir un proceso ordenado, racional y por pasos. Pero también pueden hacer esto último aplicando los silogismos y la lógica. La expresión sentido común, que proviene de sentir, sin embargo se aplica a obtener conclusiones de razonamientos sencillos. Esta parece ser la manera más utilizada por los humanos para entender, y parece ser la esencia de nuestro raciocinio (el sentido que tenemos en común). Pero en realidad como tenemos la tendencia a mezclar la razón con la emoción, decimos igualmente que el sentido común es el menos común de los sentidos. La intuición, la razón, y sus interacciones con la emoción, constituyen las vías innatas que determinan nuestras acciones y conducta, aunque la experiencia y el entrenamiento que adquirimos a través de la vida nos ayuden a templar y modular estas fuerzas prístinas, mejorando así nuestro desempeño y la adecuación de las mismas a las circunstancias.

f) *La Base de Fe Requerida para Vivir*

Como ya establecido anteriormente, el requisito primordial para el buen desempeño humano es la fe. La famosa dicotomía de *lides querens intellectum* o *intellectum querensfidem* es realmente una falsa disyuntiva. La inteligencia *tiene* que basarse en la fe. Desde pequeñitos confiamos y por tanto aprendemos. Creemos a nuestros maestros de primaria en todo, sin que nos hayan nunca demostrado, por decir algo, un hecho histórico o geográfico. En la secundaria toda la matemática y ciencia es creída por el alumno sin ser comprobada. Y es sólo en la universidad donde desvelan el para entonces sorprendente principio de que nada puede ser probado. Ni siquiera podemos probarnos a nosotros mismos, sin comprobaciones genéticas, que nuestro padre realmente lo es. Por eso tal vez comprendamos ahora la relevancia de la máxima que nos repetían nuestros maestros en el *kindergarten,* cuando nos instaban a aprender la cuartilla y las tablas, y ante nuestras dudas nos remachaban que *sí* podíamos hacerlo. Y convencidos con esta fe prístina e infantil íbamos adelante, venciendo las inseguridades propias del hombre.

En el fondo es necesario suponer que podemos hacer las cosas para realizarlas. Y esta fe permea la utilización de nuestra mente, y todo nuestro aprendizaje, ya que si dudamos, como los apóstoles de poca fe, nos hundimos, como dijo Jesucristo. (Claro está, que la fe es condición necesaria pero no suficiente para todo, pues se requiere del entrenamiento, la repetición, etc.). Por tanto podemos concluir que todo nuestro andamiaje de conocimientos no es en el fondo diferente de las creencias religiosas.

En última instancia la confianza en sí mismo es la piedra angular de todo edificio racional o de creencia que debemos construir. Si no tenemos confianza en nosotros, no podemos creer en nada, dado que no se puede dar lo que no se tiene. Tanto y cuanto creemos en algo, es porque creemos en nosotros mismos, y nos hacemos capaces de creer por extensión en lo demás. Por ello desde pequeños nuestros padres nos imbuyen (generalmente por instinto) de confianza. Sin embargo, si examinamos nuestro comportamiento en la infancia bien podemos inducir que la confianza en nosotros mismos[16] es algo innato. Por tanto, el creer, o la fe, es intrínseca en el ser humano, y es el instrumento clave en nuestro aprendizaje precoz. Pero en la temprana infancia, con el surgir de la conciencia de nosotros mismos y el desarrollo de una mente compleja, discriminadora y dubitativa, necesitamos nos reaseguren de nuestra fe en nosotros mismos.

g) *El Conocimiento Heredado*

En cualquier momento en la historia de la humanidad encontraríamos que al menos el 95 por ciento de lo que conocemos ha sido pasado de generaciones anteriores. La prueba más fehaciente de ello es el remitirnos al campo de la filosofía, y comprobar lo poco que el acervo de conocimiento se ha expandido desde el tiempo de los filósofos griegos. A pesar de que los avances tecnológicos recientes nos parecen

---

[16] Que proviene de la omnipotencia divina.

impresionantes, si escudriñamos un poco nos daríamos cuenta que comparados con la acumulación de conocimientos preexistentes, estamos solamente desarrollando lentamente las derivaciones de las teorías de la relatividad y la mecánica cuántica que surgieron hacia principios de este siglo.

De generación en generación, en períodos de tiempo marcados por cuartos de siglo, vamos añadiendo a nuestro capital intelectual en forma minúscula en todas las ramas del conocimiento. Esto cubre inclusive el sub-ramo filosófico del comportamiento humano, y lo que André Maurois llamó el arte de vivir. Si recordamos nuestra infancia con esfuerzo y esmero, y esto es algo que se puede conseguir con relativa facilidad si somos persistentes (y que curiosamente se hace más fácil al envejecer), hallaremos que nuestros antepasados continuamente nos estaban destilando estas gotas de sabiduría. Las mismas eran fácil y fiduciariamente recibidas como si fuéramos receptores de ciertos agentes hormonales. La cultura adquirida nutría nuestra naturaleza en esa simbiosis aún mal entendida de la fe y la inteligencia. O lo que representa la misma cosa, nuestro cuerpo y nuestra mente interactuaban basados en nuestra fe total, de que lo que nos decían nuestros padres nos iba a realizar al máximo como seres humanos. Esta fe era la más completa que podamos imaginar, ya que la gran mayoría de las veces ni siquiera estábamos conscientes de lo que estaba ocurriendo dentro de nosotros. Sólo cuando íbamos entrando en la llamada edad de la razón (que en realidad deberían llamarse edades, porque no llega la capacidad de razonamiento de una sola vez, sino que se va desvelando paulatinamente) comenzábamos introspectivamente a preguntarnos qué era todo aquello que estábamos haciendo. En este salto intelectual que caracteriza el lento paso hacia la adolescencia, y después a la adultez, se tiende a cuestionar la creyente aceptación de todo lo que ha sido transmitido por nuestros antepasados. Después de un proceso corto o largo de maduración, generalmente acabamos por establecer un beneficioso matrimonio entre la fe y la razón, en la cual la primera es reconocida, ya sea consciente o inconscientemente, como la piedra angular. Desde esta base es que los seres humanos parten para poder llevar a cabo su contribución al acervo de conocimientos que a su vez se transmitirá a las futuras generaciones.

h) *La Aculturación a través de la Escuela y las Amistades*

La importancia de lo anterior queda claramente resaltada por la creación, desde muy temprano, de la institución escolar, para reforzar la contribución familiar anteriormente tratada. Personal especializado en estos temas nos comienzan a transmitir este conocimiento de una forma más organizada, desde la edad del *kindergarten*. Continuamente recibimos este cúmulo de conocimientos de todo tipo, los cuales presuponen la fe, ya que nos es imposible verificarlos por nosotros mismos", especialmente en nuestra infancia y juventud. La importancia de este aprendizaje es tan considerable que nos llena seguramente más de la cuarta parte de nuestras vidas, contrastando con la del resto de los animales. Una buena parte de nuestra llamada educación consiste en reforzar en el niño la confianza de que puede hacer cosas, lo cual es claramente una expresión del mencionado mecanismo de la fe. Además de convencernos del acervo de las potencialidades humanas, nos solidifican la confianza en nosotros mismos. Esto constituye la esencia misma del aprendizaje, porque sin esta última no podríamos en el futuro ni adquirir ni transmitir los conocimientos, ya que para lograrlo habría primero que adquirirlos confiadamente (nadie da lo que no tiene).

El papel de las amistades, especialmente en la niñez y adolescencia, es el de verificar con personas de la misma edad la recepción y la transmisión de lo anterior. A medida que vamos pasando de la juventud a la adultez el aprendizaje se hace más consciente, y se necesita un mayor intercambio de experiencias para verificar con nuestros amigos del colegio, el barrio o el círculo social, que vamos por el sendero correcto. Es necesario constatar que lo que nos pasa a nosotros también ocurre con los otros, y así saber a que atenernos y llevar una vida equilibrada e integrada socialmente. Los muchachos en esas edades son por lo general más sinceros, abiertos y comunicativos que en la edad adulta, ya que necesitan más, en la adquisición y

---

[17] Esta fe consiste en creer que los maestros saben lo que hablan.

transmisión del conocimiento, el reforzarse mutuamente su auto-credibilidad.

i) ¿Cuan Fuerte es la Aculturación?

A pesar de que la investigación reciente muestra que los factores genéticos son los predominantes en la determinación del comportamiento, y en la interacción de los mismos con los factores culturales y sociales, la importancia de estos últimos es muy significativa.

Para poder pasar por esta vida más exitosamente, cada grupo étnico, ya sea una nación o no, va destilando a través de sus siglos de existencia un bagaje de experiencias útiles para un mejor vivir. Lo mismo sucede a niveles inferiores que subcategorizan al grupo en divisiones geo-políticas, llegando hasta el nivel de la familia. Estos aprendizajes temporales suplementan los mensajes sutiles y básicos relacionados con la fe y el funcionamiento intuitivo del ser humano, a los que nos referimos arriba. Los condicionantes culturales y sociales que consideramos ahora nos ayudan a conseguir un desempeño vital que supera las condiciones genéticas dadas. Esta aculturación cambia nuestra manera de pensar y de actuar de forma tal que la calidad de la vida humana queda afectada. Si estas contribuciones al crecimiento y el desarrollo humano son en balance positivas, habrán hecho posible que vivamos más plenamente.

Este acervo cultural se va traspasando de generación en generación, y es lo que explica la superación de la raza humana. Esta aculturación tiende a fortalecer nuestra voluntad, acuciar nuestra motivación y redoblar nuestro esfuerzo para aplicar nuestros talentos al dominio y desarrollo del rico patrimonio legado por Dios para esta vida terrestre.

j) Costumbres, Hábitos y Comportamiento

Las costumbres sociales en las que nos basamos por un largo tiempo pasan a ser plasmadas en instituciones. La comunicación con el Creador fue algo que se estableció cuando el ser humano se graduó en su escala ascendente al llegar al nivel de *horno sapiens sapiens*. Al extenderse esta costumbre en todas las sociedades, y profundizarse en su práctica, se establece la institución de la religión. Todo este conjunto de costumbres sociales, plasmadas o no en instituciones, son importantes determinantes del comportamiento humano. Por ejemplo, gran parte de nuestras creencias, y las actividades que de ellas se desprenden, se basan en la costumbre social establecida, en el siglo XVIII, de proveer educación primaria a nuestros descendientes.

Pero no tan sólo nuestras actividades y comportamiento son influenciados por las costumbres sociales, sino también lo son por los hábitos individuales, que en gran medida de ellas se desprenden. Al igual que las costumbres, los hábitos son maneras de enfrentar situaciones frecuentes en la vida gregaria del ser humano en este mundo; son las respuestas a nivel individual del hombre, al confrontar repetidamente ciertas circunstancias en el vivir diario. Al igual que las costumbres, estos hábitos determinan pautas del comportamiento humano, pero más peligrosas, dado que estas reacciones trilladas no han sido muchas veces confrontadas con los resultados de una experiencia social. Esto lo vemos cuando las tendencias instintivas de protegerse del peligro (el síndrome de la pelea o la huida, en inglés conocido como *fight or flight syndrome*) se exacerban creando entre otros, los hábitos de la ansiedad y la timidez, conllevando consecuencias perniciosas.

k) *¿Modifica el Hombre su Comportamiento?*

Hay una mayoría que respondería negativamente a esta pregunta. Los hábitos y costumbres individuales adquiridas son imbatibles. Como dice el viejo refrán «genio y figura hasta la sepultura». Muchos psico-terapeutas, tal vez la mayoría, también piensan de esta manera. Se puede enseñar al ser humano a manejar, manipular y adaptarse a sus hábitos, pero no a cambiar los mismos. Si uno es penoso, lo seguirá siendo toda la vida, pero podría aprender a dominar o vencer esta característica.

Esta manera de enfocar los hábitos no toma en cuenta el elemento más importante de nuestra personalidad, que es la motivación y el poder de la voluntad. Hace varias décadas ya que el famoso psicólogo de Harvard, B.F. Skinner, mostró como el comportamiento puede ser alterado a través de ejercer el activismo para tratar de interceptar las reacciones impensadas que constituyen los hábitos. Igualmente es importante el hacernos conscientes del automatismo que implican nuestras rutinas. Pero lo más importante de todo es ejercer la volición, y tener fe en que se podrá conseguir el cambio (motivación), para controlar los conatos del hábito. Muchas veces es la falta de convencimiento lo que está saboteando la modificación de costumbres individuales. Es decir, no estamos en el fondo dispuestos a cambiar nuestros esquemas.

Pero como dice el adagio, «la carne es débil». ¿Qué sucede si las tendencias que queremos cambiar son de tipo genético o instintivo? Indiscutiblemente estas son más difíciles de combatir, pero con la voluntad y la fe se puede conseguir vencerlas la gran mayoría de las veces. En estos casos el problema fundamental es la falta de perseverancia, ya que el cambio en este tipo de procesos es mucho más demorado. Igualmente estas fuerzas innatas reclaman un mayor poder de la voluntad, y estar plenamente esperanzados en que la modificación planeada del comportamiento indeseable seguro llegará. Hay que recordar que «la fe mueve montañas».

Lo que tal vez no podamos cambiar la mayoría de las veces son los rasgos principales de la personalidad humana. Hay gentes que tienen un carácter sanguíneo, que tienden a la extroversión, que son espontáneos y activos, que no están concentrados en sí mismos, y son amistosos y fiesteros. Otras personas son más frías y controladas, introvertidas y calculadoras, pasivas y auto-conscientes, retiradas y tranquilas. El mudar a un personaje en su totalidad es bien difícil. Inclusive, para estos dos tipos opuestos de personalidad, sería también dificultoso el modificar algunos de sus componentes, y hacer de una persona inhibida otra desinhibida, aunque ello es más probable que el cambio completo. A pesar de todo, es posible afirmar que estas modificaciones, ya sean parciales o totales, han acontecido con alguna frecuencia, y no son imposibles cuando la voluntad y la fe acompañan al esfuerzo. Es bien conocida la transformación de los apóstoles de simples pescadores hasta ser fundadores del Cristianismo. De seres apocados y extremadamente humildes e inseguros de sí mismos, a cruzados que exudaban una gran confianza en sus personas, capaces de liderar pueblos. Ellos estaban convencidos que estaban hechos a imagen y semejanza de Dios, y como dijo San Pablo, y apuntáramos anteriormente: «Todo lo puedo en Aquel que me conforta.»

1) *En Síntesis: ¿Cuánto Sabemos; Cuánto Aprendemos?*

Probablemente más de la mitad de nuestra potencialidad con respecto al conocimiento de cómo vivir la vida lo más plena y satisfactoriamente posible, ya nos viene dada antes de nacer. Genéticamente nacemos con las condiciones dadas para pasar con éxito las distintas etapas de la vida, desde la infancia hasta la vejez, y acumular los conocimientos y experiencia necesarios para gozar nuestra existencia y derivar de ella el máximo bienestar. Nuestra personalidad, nuestro carácter y los rasgos más importantes de nuestra persona son determinados primariamente por nuestra composición genética. Congénita e instintivamente nacemos con la capacidad y habilidades que nos permiten razonar, expresarnos, movernos, emocionarnos, ser conscientes de nosotros mismos, comunicarnos, etc. Además el Dios Creador ha dispuesto desde tiempos inmemoriales que al ser creados a su imagen y semejanza tengamos un alma o espíritu que nos permita tener una vida eterna, y así calmar las ansias misteriosas que nos llevan a buscar al Señor.

Por otro lado, el vivir nos deja lecciones prácticamente desde el momento de la concepción. Las facultades y los atributos con los cuales nacemos, y la personalidad y rasgos que nos caracterizan como huellas digitales, se desarrollan a través de nuestra relación con el mundo. La genética nos inclina, pero no nos ordena u obliga en nuestra actuación. El resto lo provee la aculturación, que tiene un efecto secundario, pero importante, en el comportamiento humano. Las potencialidades que nos dona el acervo genético, se llevan a su plena expresión a través del proceso del aprendizaje social. La acumulación de conocimientos implícita en las relaciones sociales tiende a crear también costumbres y hábitos que marcan la personalidad y el comportamiento del ser humano, aunque estos son más maleables a las modificaciones que la fuerza de la voluntad y la fe consiguen.

Las tendencias naturales y adquiridas son el origen de los problemas de personalidad y las inclinaciones neuróticas comunes al hombre, al igual que el de sus enfermedades mentales. Como ya hemos expresado, la mayor parte proviene de las fuerzas genéticas, y la menor de las correspondientes a la aculturación, siendo estas últimas más fáciles de combatir.

Sin embargo, casi todas estas deficiencias mentales consisten en la repetición de comportamientos erróneos *(viz «Your Erroneous Zones»,* del psicólogo Wayne Dyer.) Estas repeticiones pueden ser combatidas con el poder de la voluntad apoyada en una base sólida de fe. El éxito significa el cambiar ciertas maneras de actuar, emocionar y pensar, por otras más sanas, hasta que estas últimas se conviertan en repetitivas, desplazando a las anteriores. No combatir las primeras, sino sustituirlas por las segundas. Al fin y al cabo, ya sea por bien o por mal, el hombre es un ser de hábitos y costumbres. Y basados en nuestro libre albedrío, podemos elegir cuáles de ellas preferir.

IV

PENSAMIENTO, EMOCIÓN, IMAGINACIÓN, Y COMPORTAMIENTO

a) *Relación Lineal o Inter-Acción*

El comportamiento del ser humano, como hemos visto en el capítulo anterior, esta determinado por sus tendencias innatas (mayormente) y por su condicionamiento social (menormente). Pero estas constituyen las grandes vertientes que lo influyen en forma general.
Si consideramos las fuerzas que definen la actuación humana en forma detallada, debemos referirnos a un conjunto de estas que devienen de la dupla primordial citada en el párrafo anterior. Las mismas son los pensamientos y emociones del hombre, como también su imaginación. Pero aunque estas constituyen las tendencias inmediatas que determinan la acción, debemos reconocer que en ocasiones esta relación se altera, y son las acciones las que influyen a su vez sobre los pensamientos, las emociones y la imaginación.

Los psicólogos cognitivos son los que han analizado con mayor dedicación y éxito cómo los pensamientos, la imaginación y la emoción influyen en la actuación del hombre. Dado uno de los continuos estímulos que experimenta el ser humano, se producen una serie de pensamientos, los cuales son racionales (positivos u optimistas) o irracionales (negativos o pesimistas). Cuando prevalecen estos últimos, le suceden imágenes y emociones irracionales y negativas. Esto a su vez conlleva actuaciones negativas e irracionales. Por lo tanto, el origen de esta cadena de actividades mentales irracionales y negativas, son los pensamientos del mismo palo. Y sólo cambiando estos pensamientos logramos superar nuestro comportamiento neurótico (definido como las actuaciones estúpidas de un ser inteligente). Estos pensamientos representan la internalización de nuestro lenguaje, por medio del cual nos hablamos a nosotros mismos, y ocurren continuamente en nuestra mente, aunque la mayor parte del tiempo no nos hacemos conscientes de los mismos.

El primer expositor de estas ideas lo fue el Dr. Albert Ellis con su teoría racional-emotiva *(rational-emotive theory)* que data de los años cincuenta del siglo XX. Es parte del movimiento de la psicoterapia moderna que ha tratado de mejorar la situación de muchas personas que sufren de problemas de neurosis, fobias, ansiedad, obsesiones y compulsividad, confrontando las causas inmediatas de los mismos, en contraste con el enfoque psicoanalítico. Estas técnicas se han apoyado en el enfoque de nuestra cognición, y de nuestras racionalizaciones y creencias aparentes, que se expresan a través del pensamiento, y determinan nuestras reacciones emotivas y actuaciones.

b) *¿Qué es el Pensamiento?*

Aunque el pensamiento generalmente tiende a ser la variable independiente en el conjunto de experiencias mentales que hemos descrito más arriba, no podemos dejar de reconocer que en el mismo suceden retroalimentaciones *(feedbacks)* importantes. Muchas veces nuestras acciones y emociones terminan por influir a nuestros pensamientos. Cuando por *inpromptu* se realiza una reunión en la oficina de la cual no podemos hacer mutis, si tenemos tendencias a la timidez nos vendrán una serie de pensamientos irracionales que nos harán sentir emociones negativas, y actuar nerviosamente y con sensaciones provocadas por el síndrome de pelear o huir *(fight or flight)* que ya hemos mencionado en un capítulo anterior. Ahora bien, si nos sobreponemos a estas emociones y comportamiento a base de generar un nuevo pensamiento y emoción de calma, o a base de forzar, por medio de la voluntad y la fe, a nuestro organismo a hablar, sonreír, relajarse, etc., veremos que no pasará mucho tiempo antes de que estas nuevas emociones y actuaciones generen pensamientos positivos, cambiando así el signo de la variable independiente original, ahora convertida en variable dependiente. Si modificamos de esta manera nuestro comportamiento en repetidas ocasiones y durante un periodo de tiempo, acabaremos también por cambiar las tendencias a la timidez, las cuales por cierto, son sufridas por el 40 por ciento de los seres humanos.

Por tanto, vemos como los impulsos químico-eléctricos que constituyen los pensamientos, influyen sobre las otras actividades fisiológicas del cuerpo humano, que también se basan en este tipo de impulsos. Igualmente podemos comprobar cómo a través de nuestro organismo existen vasos comunicantes por medio de los cuales las reacciones electro-químicas que subyacen nuestro emocionar y actuar, influyen sobre las que definen nuestros pensamientos.

Los pensamientos, desde el punto de vista psico-lingüístico y filosófico, son conjuntos de ideas y conceptos sin principio ni fin. No dejamos de pensar un solo segundo, y en cada décima de segundo se agolpan varios pensamientos. Por lo general no somos conscientes de lo que pensamos, aunque si tratamos de descubrirlo, podemos hacerlo presente. En este sentido no es correcto considerar que somos movidos por nuestro inconsciente o subconsciente. Lo que sí debemos reconocer ocurre, y prevenirnos del peligro, es que esta sarta de ideas y conceptos potencialmente conscientes que se hilan unos a otros, puede ahondar el impacto de los pensamientos negativos e irracionales sobre nuestras emociones y actuaciones. En esta repetición de pensamientos irracionales, existe la tendencia de que sean cada vez más catastróficos y desastrosos, multiplicando la intensidad negativa de las emociones y las actuaciones. El proceso tiende aun más hacia el pánico y el histerismo cuando la retroalimentación de las consecuentes reacciones emotivas y de comportamiento, causa que el pensar se vuelva aun más negativo e irracional. Este fenómeno ocurre por medio de palabras y oraciones que nos dirigimos a nosotros mismos, y que en realidad constituyen conversaciones internalizadas, o que tenemos internamente.

c) *¿Qué es la Emoción?*
Por lo que hemos dicho hasta ahora los pensamientos dominan nuestro comportamiento. Pero en ciertos casos primero tenemos que emocionar antes de actuar. En estas situaciones hay un proceso intermedio entre el pensamiento y la acción, que es grandemente influido por el primero. ¿En qué consiste esta emoción? En nuestra opinión no es nada más ni nada menos que un pensamiento sesgado. Y por ello no

es sorprendente que cuando en el párrafo anterior hablábamos de la retroalimentación de las emociones sobre los pensamientos, establecíamos que esto sucedía a través de conversaciones que teníamos con nosotros mismos, generalmente de manera interna (pero a veces en voz alta como sabemos es frecuente).

Las emociones son también pensamientos, pero preñados de sentimientos e imágenes. Por tanto, cuando esta retroalimentación se produce a través de la vocalización, las emociones se transforman en pensamientos prejuiciados, en gran parte porque reflejan estos sentimientos e imágenes. Esta irracionalidad procedente de la emoción afecta nuestros pensamientos normales, y los transforma a su vez en irracionales. Debemos aclarar que algunas de estas emociones son positivas y otras negativas, pues tenemos sentimientos y producimos imágenes de amor y bondad, como también de temor y de odio.

Finalmente las emociones son pensamientos embargados de juicios de valor, y generalmente evaluativos de la propia persona y de sus actos. Algunas de estas evaluaciones son favorables y otras son desfavorables, pero por lo general no son ponderadas. «No somos ni tan destacados como a veces nos creemos, ni tan limitados como otras veces pensamos», según el psicólogo y bíblico jesuita Dr. Juan Cortés. Cuando nos dedicamos a juzgar a menudo nuestras acciones, acabamos de hacernos tan conscientes de las mismas que no podemos actuar intuitivamente, que es lo que conduce al mejor desempeño.Aunque las emociones proceden de los pensamientos, no podemos dejar que reconocer que cuando aquellas son negativas pueden ser destructivas. Aún más si reconocemos como las mismas pueden influir de vuelta sobre nuestro pensar. De aquí la importancia de controlar nuestras emociones.

d) *¿Qué es un Pensamiento Sesgado o Prejuiciado?*

Es un pensamiento no objetivo que juzga y evalúa. No desde un punto moral, ético y religioso, sino con respeto a un nivel de comparación que nosotros mismos definimos subjetivamente. De entrada el ser humano tiende a establecer puntos de referencia muy altos. No en balde, como decía Adler, nos sentimos inferiores. Estos pensamientos emotivos, por lo tanto, conspiran contra el objetivo de mantener nuestra racionalidad, pues vienen acompañadas de una sarta o cadena de otros pensamientos irracionales que tienden a ser negativos y obsesivos. Por ello debemos interrumpir esa secuencia y esforzarnos por hacer las cosas lo mejor que podamos, pero sin juzgar nuestro desempeño, ni evaluar nuestras acciones, que de inmediato introducen el elemento de la duda en nuestro comportamiento

También la emoción es un pensamiento prejuiciado que tiende a seguir una cierta ruta, tendencia o proclividad, ligando un estímulo determinado a una reacción emocional dada. Esto se convierte en un hábito o costumbre no pensada, ó irracional, que nos hace, por ejemplo, sentir primero cohibición y después miedo, cuando nos aproximamos al borde de la azotea de un edificio elevado.

Finalmente, es un pensamiento que supone alguna cosa, muchas veces sin fundamento. Por lo tanto, cuando confrontamos una situación definida, *ipso facto* tenemos un pensamiento prejuiciado, es decir una emoción, que colorea nuestra reacción al estímulo original. Por ejemplo, si una persona le tiene temor reverencial a otra, y esta de pronto aparece, el pensamiento sesgado (o la emoción) de sentimiento de inferioridad se presenta, y la persona queda embargada de ansiedad y tensión, y la reacción que se produce durante el intercambio entre ambas quedará matizada por la actuación atemorizada y preñada de inferioridad de la persona influida por la emotividad y el sesgo. Todo esto resultando del supuesto infundado de que la persona con la que vamos a tratar es un ser superior a nosotros.

e) *¿En qué Consiste el Imaginar?*

Como una reacción a una percepción de los sentidos generamos imágenes. Cuando vemos un plato apetitoso (el estímulo), nos imaginamos el gusto que tendríamos en comérnoslo (la reacción), y nos salivamos (la acción).

No siempre el estímulo provoca un conjunto de consecuencias tan bien definidas como el ejemplo anterior. Hay muchas veces en que la reacción es un pensamiento, otras veces es una emoción (un pensamiento irracional) y los menos producen una imagen. Pero en muchas circunstancias nos encontramos con las imágenes mezcladas con los pensamientos y las emociones, o los pensamientos y las emociones juntas.

Es muy común que las imágenes precipiten a su vez pensamientos irracionales, y emociones, en forma encadenada, como ya hemos visto sucede muy frecuentemente en la mente. Por ejemplo, cuando a una cierta edad se nos olvidan en un corto espacio de tiempo algunas cosas, nos puede venir una imagen en que nos vemos en un asilo sin reconocer a nadie; a la misma le sucede un pensamiento negativo que concluye que ya tenemos Alzheimer; y esto pudiera conllevar el sustraernos de una actividad social, como jugar a las cartas.

Generalmente las imágenes que se producen son bien nítidas, y hasta exageradas. Tienden a ser muy positivas o placenteras, o muy negativas o dolorosas. Las descripciones justo arriba constituyen buenos ejemplos de las mismas.

j) ¿Hasta qué Punto el Comportamiento Influye en todo lo Anterior?

Al comportarnos de acuerdo con nuestros pensamientos, emociones e imágenes, negativas e irracionales, nuestro comportamiento será prejuiciado. A su vez este actuar en forma sesgada reforzará nuestros pensamientos, emociones e imágenes a través del proceso de retroalimentación descrito más arriba. Pero si a través de la fuerza de voluntad y la fe en el cambio, forzamos una modificación de nuestra actuación, esta poco a poco irá variando nuestras imágenes, emociones y pensamientos irracionales y sesgados. En realidad la mente y el cuerpo tienen sus mecanismos compensatorios automáticos que frenan estas cadenas de reacciones y acciones en una sola dirección, ya sea negativa o positiva. De pronto irrumpen pensamientos, sentimientos o imágenes contrarias, y nuestro comportar comienza a alterarse, hasta que el péndulo se desplaza en la dirección contraria.

Más aún, inclusive muchas veces las mejores terapias son las que envuelven acciones y actuaciones. Esto se basa en el conocimiento de que al actuar de una manera determinada, que va en contra de nuestras debilidades psicológicas, estamos primeramente involucrando la voluntad y la fe en un acto afirmativo de libre albedrío. A continuación aparecen pensamientos, emociones e imágenes positivas que se contraponen a los pensamientos irracionales y sesgados, y los sentimientos e imágenes negativas. Y se inicia el cambio. E inmediatamente después el comportamiento conduce a un efecto visceral que, a través de los vasos comunicantes entre el cuerpo y la mente, refuerza los mensajes afirmativos del paso voluntarista anterior mencionado justo arriba.Este sistema ha tenido mucho éxito en combatir las fobias y los miedos irracionales." El colocarnos en estas situaciones en forma forzada, ejercitando el poder de la voluntad y la fe, genera el pensamiento positivo que estos peligros son solamente imaginarios y no existen en la realidad, oponiendo este razonamiento al irracional de que algo terrible nos pasará si experimentamos el estímulo temido. Este nuevo pensamiento racional que surge con nuestra actuación, es seguido por emociones e imágenes que lo refuerzan. Al repetir frecuentemente estas acciones, se van disipando los temores infundados, que ya se habían convertido en un hábito (un cierto estímulo seguido de pensamientos irracionales y prejuiciados, seguidos de sus correspondientes imágenes y emociones) y recobramos la sensatez al evaluar ciertas situaciones, de forma cada vez creciente.

g) *Pensamientos: Racionales e Irracionales*

Los pensamientos que tenemos son de ambos tipos. ¿Qué es lo que define la racionalidad? En el fondo es el pensar el que ayuda al ser humano a conseguir sus objetivos trascendentales y temporales. En contraste la irracionalidad conspira contra las metas de la persona. Como en la evolución del ser humano es muy reciente la fase de *horno sapiens,* todavía nos resta esta tendencia irracional, que constituye un atavismo.[19] Por otro lado, cuando le damos mucho pensamiento a un asunto, o aceptamos el que le han dado otros, llegamos a conclusiones

---

[18] En ingles miedo es *fear.* Que los psicólogos clínicos desmenuzan como F(False), E(Evidence), A(Appearing), R(Real). Que se traduce como Falsas Evidencias Apareciendo como Reales.

[19] Otra manera de definir la irracionalidad colinda con la neurosis, que constituye el pensamiento y la actuación estúpida de un ser inteligente.

en las cuales podemos confiar. Estas son las que hemos llamado creencias. En ellas usamos nuestros poderes de raciocinio, y logramos el culmen de la racionalidad. Cuando las mismas se expresan en forma de pensamientos, y afloran a nuestra conciencia, las podemos distinguir de los otros por su permanencia.

Aunque estos pensamientos—creencias son básicamente inmutables, pues están firmemente basados en la fe, y residen en la esencia de nuestro ser, los otros pensamientos efímeros, ya sean racionales o irracionales (algunos de los cuales por ser sesgados o prejuiciados llegan a constituir emociones) tienen también su razón de ser. Su objetivo es el de ponernos sobre aviso de algún peligro, ya sea real o imaginado. Dado que su función es bien diferente, estos pensamientos no forman parte de nuestra esencia. Por lo tanto, no deben cuestionarla. Un ser humano es cada vez más balanceado si aprende a distinguir y usar esta diferencia entre ambos tipos de pensamiento, y si aprende a no amedrentarse o temer los irracionales, reconociéndolos por lo que son.[20]

h) ¿Cómo se Acumulan las Creencias?

Pero estas creencias no vienen solamente del conocimiento que se destila de un pensamiento profundo y continuo sobre algún tema, del cual se derivan conclusiones. Algunas de ellas son implícitas al ser humano y provienen de la intuición. Hay cosas que sabemos cuando nacemos, como el ejercicio de la voluntad, el cual automáticamente ejercitamos para aprenderlo todo sin cuestionarnos, hasta que llegamos al uso de razón. Este conjunto de conocimientos básicos que nos acompañan como nuestro equipaje con nuestro nacimiento, constituyen parte de la esencia, el centro o el núcleo de cada ser humano, que es bueno o positivo dado que somos creados a imagen y semejanza de Dios.

También las creencias se forjan por la inducción derivada de las experiencias vividas y adquiridas. Como escribimos anteriormente en

---

[2°] Como ya hemos apuntado, su origen deviene del síndrome de pelea o fuga, de naturaleza atávica.

una de las reuniones en el ágora griega un filósofo sofista hacia disquisiciones sobre las actividades más simples que lleva a cabo el ser humano, que al mismo tiempo son las más básicas.' El filósofo Diógenes, de la práctica escuela cínica, le preguntó: «¿En qué piensas?». Fue respondido: «En cómo es que caminamos». Entonces el cínico se levantó y comenzó a caminar, y le dijo: «Así es que se camina». Estas experiencias van acumulando creencias o convencimientos que se insertan en nuestra esencia positiva, y nos permiten actuar y expresarnos como seres humanos en la vida terrenal.

Es necesario hacer notar que en la armazón de nuestras creencias y verdades que comienza en el seno materno, existe un alto contenido de razón, definida a través de nuestras deducciones e inducciones. De la misma manera, el apoyo que ofrece la fe a este centro o núcleo de afirmaciones creídas es fundamental. Pero también hay un contenido importante de positivismo o practicabilidad, que nos lleva a creer en aquellas cosas que funcionan o que nos ayudan a cumplir con nuestras metas o aspiraciones. Mientras que ciertos métodos u objetivos se realicen, trabajen en la práctica y resuelvan nuestros problemas, seguimos creyendo en ellos. Creemos que la aspirina, por ejemplo, nos quita el dolor de cabeza, pero no podemos explicar como esto sucede. Mientras no se pruebe lo contrario esta creencia será una de las tantas en la esencia de nuestro ser. Ante la disyuntiva de preguntarnos si es que es realmente la aspirina y no el efecto placebo el que nos libra de nuestra jaqueca, o confiar en la aspirina sin preguntarnos nada, es mucho más conveniente para nosotros el hacer lo segundo, y hacerlo formar parte de las creencias acumuladas en nuestra esencia. Mientras que esto funcione y resuelva nuestros problemas, así lo haremos.

i) *Las Emociones: ¿Negativas o Positivas?*

Ni una cosa ni la otra. Habría que juzgarlo de acuerdo con los resultados. Aunque parezca sorprendente muchas cosas en la vida se definen en forma arbitraria, y por medio de la fe. Y a pesar de que nos

---

[2'] La escuela filosófica sofista que tenía estas inclinaciones, dentro del debate del significado del movimiento entre Heráclito y Parménides.

parezca totalmente fuera de lugar e irrazonable, esto se debe a las ataduras conque nos limita nuestra limitada mente humana. ¿Está la mente simplemente suponiendo en estos casos que para tener creencias, las cuales tienen un alto contenido de fe, hay que tener un sentimiento de creer, junto a un pensamiento que nos convenza de que el asunto es creíble?

Démonos cuenta de que uno de los mecanismos más poderosos de nuestro conocimiento, que es la lógica matemática, se ha desarrollado a base de estas suposiciones arbitrarias y de contrasentido, que terminan describiendo fenómenos que existen en la realidad, y que eran insospechados.[22] Por ello tenemos que comprender que un buen número de emociones negativas nos ayudan a sobrevivir, como el pánico que nos hace poner los pies en polvorosa cuando vemos a un toro corriendo hacia nosotros. Otras positivas nos ayudan a perecer, como cuando sentimos amor por una mujer de vida fácil que probablemente tenga SIDA, y nos acostamos con ella.

Hay que reconocer, sin embargo, que las emociones, por ser pensamientos sesgados o prejuiciados, tienen que ser tratadas en forma diferente por la voluntad y la fe en la norma de nuestra conducta. Las mismas son más fáciles de percibir que un pensamiento, pues despiertan más vívidamente nuestra conciencia; pero más difíciles de controlar que los pensamientos. Sin embargo, hay que subrayar que lo importante no es lo que pensamos y emocionamos, sino lo que hacemos y como actuamos, y esto último está dirigido fundamentalmente por nuestras creencias[23] (que son nuestros pensamientos más profundos, y a la vez más prístinos y racionales), por nuestra fe, y nuestra voluntad creyente.

---

[22] Algunas afirmaciones de lógica matemática inclusive, no podemos determinar si son verdaderas o falsas.

[23] o como dijo Jesús, «de la abundancia de tu corazón».

j) *La Verdadera Medida de Nuestra Racionalidad es Nuestro Comportamiento*

Como es evidente por las discusiones anteriores, muchas fuerzas nos mueven internamente, unas racionales y otras irracionales, unas positivas y otras negativas. Estas se expresan a través de creencias, emociones, pensamientos e imágenes, algunas conscientes y otras no en un momento dado, y siempre templadas en mayor o menor grado por nuestra voluntad y fe, que proceden de nuestra libertad dada por Dios. Las mismas están cambiando continuamente, constituyendo un conjunto de fuerzas variable. La resultante de todo lo anterior es la acción, que es también objeto de mudanzas, pero que constituye la verdadera esencia de nuestro ser y la verdadera medida de nuestra racionalidad. De ahí la frase del Evangelio «por sus obras (o frutos) los conoceréis». El coro de fuerzas contradictorias que la precede, que muchas veces no aflora a la conciencia, en gran parte constituyen consideraciones necesarias para asegurar una actuación adecuada, y reflejan las preocupaciones del ser humano por su conducta, que en mayor o menor medida se produce normalmente, y que en ciertos casos puede constituirse en un cuestionamiento repetitivo. Es muy común, por cierto, que este conjunto de pensamientos y emociones previos a la acción pueda descubrirse a través del examen de las expresiones faciales y corporales de las personas.

Para poner lo anterior en el contexto adecuado, debemos reconocer que los pensamientos, sentimientos, imágenes y emociones sólo existen en nuestra mente. Ellos no son parte de la vida real que se desenvuelve fuera de nosotros, y en muchas ocasiones constituyen fantasías, mientras que en otras son juegos mentales o debates internos nuestros. Sin embargo, estas consideraciones irreales o imaginarias son como las tentaciones, que no constituyen pecados mientras no nos dejemos influir por ellas. Pero lo que prima en el pecar, como en el actuar, es la voluntad basada en las creencias.

k) *La Esencia de Nuestras Creencias Controla Nuestro Comportamiento*

En última instancia, después de lo que pueden ser muchos devaneos mentales y emocionales, el ser humano se guía por su conjunto de creencias, que radica en la esencia de nuestra mente. Este proceso se hace automáticamente, no necesitando de nuestra conciencia para su operación, aunque nos podemos hacer conscientes del mismo si lo deseamos. Operacionalmente, sin embargo, el conjunto de creencias que informa a, y es informado por nuestra fe, utiliza nuestra voluntad para llevar a efecto las acciones y actuaciones que constituyen nuestro comportamiento.

Esta esencia de nuestras creencias permanece imperturbada ante la multitud de pensamientos, emociones, imágenes, sentimientos, prejuicios, etc., que se interponen rápidamente unos a otros en sucesión, durante cada minuto de nuestra existencia. Esta esencia constituye la base, centro o núcleo de nuestro ser, y reside en el espíritu. Es ella la que nos hace superar nuestros nerviosismos, miedos, presiones, angustias, ansiedades y parálisis mentales que nos asedian día a día, y cumplir con nuestros compromisos, tareas y responsabilidades.

El espíritu no sólo es donde reside la esencia de nuestras creencias, sino también es la cuna de la fe y de la bondad. La imagen y semejanza de Dios en la cual todos hemos sido creados, nuestra alma, es equivalente a lo que hemos llamado nuestro espíritu. Igualmente, nuestra voluntad tiene su expresión fundamental en las iniciativas que parten de esta base esencial de nuestro ser. Debemos reconocer, sin embargo, que este centro espiritual de nuestra humanidad tiene también una parte negativa de la que tenemos siempre de cuidarnos. De la misma se originan una serie de dudas sobre nosotros mismos, tentaciones, malos pensamientos, etc., que provienen del lado negativo de nuestra esencia. Nunca debemos prestarle atención a esta expresión del pecado original en nuestro ser, pues de esta forma sólo lograremos hacer crecer este componente oprobioso del núcleo de nuestro ser, lo que le ofrecerá la posibilidad de ampliar su influencia sobre nosotros. Por ello es muy importante desarrollar nuestro instinto e intuición, para que nos permitan dirimir y distinguir las iniciativas de nuestra mente que provienen de lo positivo de nuestra esencia, de aquellas que surgen de la parte negativa.

V

EL LIBRE ALBEDRÍO, EL PODER DE LA VOLUNTAD Y LA FE

a) *La Predestinación y la Libertad*

Algunos creen, y ciertos de ellos son personas sofisticadas, que nuestro destino está trazado de por vida. Curiosamente estas personas muchas veces se dicen ateas, pero realmente tienen que reconocer que creen en una autoridad máxima, que aunque no quieren endiosar, acaba siendo mucho más poderosa que el Creador, pues guía cada uno de sus pensamientos, sentimientos, emociones y acciones, dado que sólo de esta manera podría controlar el destino. Claro, que si uno elige aceptar estos conceptos, vivirá una existencia tan arbitraria como lo es esta creencia, pues la racionalidad del ser humano le ha dado suficiente base a la fe, para creer que nuestra cualidad esencial es la libertad, y que Dios nos deja forjarnos nuestro propio destino.

Una versión más moderna de la predestinación es la parcialización de la misma. Muy específicamente se afirma que una persona es alcohólica por herencia genética, y que para siempre estará destinado a serlo. Pasamos aquí, debemos aclararlo, a una posición contraria a la visión muy popular hasta hace poco, de que nuestro condicionamiento social es el determinante principal de nuestro comportamiento, a atribuir los mismos poderes misteriosos a la biología. (Muchas veces las mismas personas mantienen ambas premisas). Pero como hemos aclarado anteriormente, mientras nuestra actuación esté sujeta a nuestra voluntad, y tengamos fe en el cambio, nuestras actitudes y actuaciones pueden ser modificadas. Y de ahí los cientos de miles de ejemplos que nos ofrecen los alcohólicos anónimos.

Se argumenta que hay personas dadas a una adicción, especialmente si la misma envuelve una predisposición genética, arguyendo que esto destruye el argumento del libre albedrío. Inclusive, aunque fuera esto cierto, sería ridículo ir de la pequeña parte al todo, ya que nuestra libertad humana, y el poder decisorio de nuestra voluntad, restaría para todo el resto de nuestro comportamiento. Pero en nuestra opinión estas fuertes tendencias hacia una cierta manera de actuar, como por ejemplo la homosexualidad, pueden combatirse exitosamente con el esfuerzo diario de nuestra voluntad, y más aun si le añadimos la fe. En esto concuerdan muchos psicólogos cognitivos y del comportamiento. En específico podemos referirnos al enfoque del Dr. Albert Ellis, el creador de la terapia racional-emotiva del comportamiento, como se puede comprobar en muchas partes de su vasta obra.

b) *El Destino y el Cambio: Retos al Libre Albedrío*
Volviendo a la idea de la predestinación y el sino, en la sección anterior se ha mencionado el poco basamento que tiene, ya sea en la razón o en la fe. Sin embargo, un reto adicional de tipo parcial que ha surgido es la afirmación de que sólo tenemos un número limitado de opciones o alternativas. Por lo tanto el libre albedrío está constreñido a este conjunto. Sin duda que esto es cierto, pero el concepto de libertad es diferente al de libertinaje, que en el fondo atenta contra la dignidad misma de hombre. Y el querer ampliar nuestras disyuntivas va inclusive más allá, y puede llegar al extremo del pecado original, que en parte consistió en querer tener el poder de elegir entre todas las cosas posibles.

Como creatura, el ser humano jamás podrá compararse a Dios, pues existe independiente de El, aunque es creado a su imagen y semejanza. Y como parte de la creación, se le aplica a él también la famosa frase del Arcángel San Miguel «*Quis ut Deus?*» («¿Quien como Dios?»). El hombre tiene una libertad limitada, que puede, aunque no debe, llegar al libertinaje, pero que dentro de esos límites es muy extensa, y le permite saborear lo que es la libertad divina. El concepto de la naturaleza humana de por si determina esos parámetros, que son lo suficientemente abiertos para que pueda probar ampliamente la cualidad, recibida como don, del libre albedrío. Es este atributo el que denota nuestra humanidad, y no tanto en el rango de sus posibilidades de escogencia, que aunque amplísimo, está de entrada limitado por lo finito de nuestra existencia terrenal.

c) ¿Cuánto Pueden Cambiar las Personas?

Los que desarrollan la escuela del comportamiento condicionado en Harvard, siguiendo el liderazgo del Profesor Skinner, consideran que el reino animal, incluyendo al *horno sapiens sapiens,* rige su vida diaria por el hábito y la rutina. A la vez que establecemos una manera de hacer las cosas, tendemos a repetirla. Y vivimos nuestras vidas como un cúmulo de repeticiones. Sin embargo, hay una vía de escape. De la misma forma que establecemos hábitos que nos condicionan, podemos crear otros que nos desacondicionan de los mismos. Es decir, el comportamiento rutinario no es como el tiempo, que hasta ahora sólo lo acompañamos marchando en una misma dirección, sino que puede retroceder. Cualquier persona que se comporta habitualmente, puede deshabituarse. Pensar que tenemos que vivir personalmente encadenados a nuestros hábitos es una falacia, ya que cualquier camino puede ser des-andado. Mi tío Justo Carrillo, un personaje inolvidable con quien experimentamos muchos andares comunes, siempre me decía: «uno no debe ser esclavo de nada, ni siquiera de la idea de que uno no debe ser esclavo de nada». Claro está, para sobreponerse a los malos hábitos (a los buenos no hay porqué) tenemos que nuevamente contar con la fe y la voluntad, y además esforzarse duramente por el cambio.

Para poder sustituir nuevas rutinas por las acogotantes que queremos reemplazar, es muy importante el controlar nuestras emociones. Muchos creen que esto es prácticamente imposible o muy difícil. Esto es porque nos confundimos sobre lo que es una emoción. Al comprender que, como dijéramos anteriormente, es un pensamiento prejuiciado, entendemos que sí podemos cambiar lo que pensamos. Esto es parte de nuestro bagaje de creencias centrales que nos son inmanentes, y que se basan en nuestra fe. Debemos aclarar que esto está indisolublemente atado al libre albedrío, ya que sin éste seriamos como el resto de los animales, regidos solamente por nuestros instintos. Y en términos más religiosos, no podríamos escoger el no pecar. Pero al conocer las emociones por la base de pensamiento que ellas tienen, nos es más fácil aceptar el cambio de las mismas, y por ende la modificación de los hábitos. Esto es así porque la permanencia de estos últimos está atada a los choques emotivos necesarios para quebrar estas formas de comportamiento. Son tantas las fuertes emociones creadas por los pensamientos (muchas veces inicialmente subconscientes) sesgados o emociones implícitas en el desviarse de las viejas rutinas, o el establecer las nuevas, que acabamos por aceptar la imposibilidad de estos intentos. Y no nos percatamos que tenemos que proceder haciendo caso omiso de estas emociones, y mudándolas como hacemos con los pensamientos, que es lo que al fin de cuentas ellas esencialmente son, aunque prejuiciados.

d) *Possunt Qua Posse Videntur*

Este aforismo del antiguo latín se atribuye al filósofo Tertuliano. El concepto después pasó a influir el pensamiento de San Agustín. El mismo deja entrever el poder de la fe (que todo lo alcanza), en el sentido de que si nos vemos, sentimos y concebimos pudiendo hacer algo, o capaces de realizarlo, seguramente lo podremos llevar a cabo. Esta idea es muy semejante a la afirmación de San Pablo: «todo lo puedo en Aquel que me conforta», que mencionáramos anteriormente. Es claro que el convencimiento de que podemos hacerlo es la premisa para cualquier desempeño.

Lo que estamos comentando es la base de una técnica que se ha desarrollado especialmente en las ultimas dos décadas en la psicología del atletismo. Se le pide al atleta que invoque imágenes en las cuales se vea realizando la hazaña que quiere conseguir. La repetición de estas imágenes, justo antes de realizar el intento de conseguir el desempeño deseado, refuerza la fe en que el propósito es asequible. La repetición es bien importante para la consecución de estos objetivos, no sólo en el campo atlético y en otros similares, sino en general. Es más, el practicar es en cierto sentido similar a este proceso de imaginación, pues hay una relación muy estrecha entre el desempeño y el entrenamiento. Aunque no es común enfocarlo desde ese punto de vista, nos parece claro que tal vez lo más productivo de esta repetición es la confianza que genera de que podremos llevar a cabo lo que nos proponemos.

Ciertamente el poder del auto-convencimiento, o la fe, como la hemos estado llamando más frecuentemente en esta monografia, es crucial para llevar a cabo cualquier tarea. Aunque podamos tener dudas al hacer cualquier cosa (y como hemos dicho anteriormente las mismas pueden ser convenientes pues nos ponen sobre aviso), mientras tengamos fe en nosotros mismos al nivel de nuestras creencias más profundas, vamos a poder realizarla bien. Es más, es posible invertir y extender esto, y afirmar que, si tenemos primero la fe de nuestro lado, todo lo demás tenderá a dársenos por añadidura. Para terminar esta sección con otro proverbio: si tenemos fe podremos mover montañas.

e) *Fe, Auto-Confianza y Convicción*

Para tener confianza en sí mismo es necesaria la fe. Y para tener fe es una necesidad el tener auto-confianza.[24] Esto que aparenta ser un enigma, sólo es otra aplicación del principio básico en psicología y espiritualidad de que no podemos dar lo que no tenemos. Esto produce una simbiosis, una interacción casi simultánea entre las principales fuerzas del ser humano, que impiden determinar qué viene primero. Algo parecido, ya lo habíamos discutido antes, sucede entre la fe y el conocimiento *Vides quaerens intellectum,* o lo contrario). En este otro caso del huevo o la gallina, tenemos que colocar el origen en la fe, pues es ella la que da base a la auto-confianza o auto-estima.

Pero de ahí en adelante es esta última, que en realidad puede definirse como la fe en sí mismo, la que puede extenderse al resto de las actividades del hombre, porque entonces estamos dando lo que ya tenemos.

Para auto-evaluarse es necesario tener confianza en sí mismo. De no ser este el caso la visión que tendríamos de nosotros mismos sería forzosamente sesgada, y por lo tanto equivocada. Y esto no quiere decir que seria necesariamente apocada, pues también, aunque no tan

---

[24] Ambas en última instancia son regalos o gracias divinas, aunque podamos desarrollarlas conscientemente.

frecuentemente, podría ser exagerada. Aunque como ya hemos dicho anteriormente, las tendencias normales del ser humano son las de sentirse inferiores. Pero lo que uno siente no es necesariamente lo que uno cree.

Igualmente se aplica esta máxima a la posibilidad de ser uno mismo. Solamente con la auto-confianza nos podremos comportar como lo que realmente somos. Si no estaríamos continuamente tratando de encubrir nuestras debilidades y defectos, en vez de aceptarlos ante los demás, y nosotros mismos. Sólo reconociendo y aceptando con plena confianza lo que somos, podremos cambiarnos y superarnos. Interiormente debemos de ser genuinos, y aceptarnos a nosotros mismos, y actuar en consonancia con nuestra verdadera personalidad y características. Las dudas sobre uno mismo, al igual que los endiosamientos, nos vienen de la falta de confianza y de fe, que nos apartan de comportarnos como lo que somos, y cambiar a lo que podríamos ser.

f) *Las Interacciones entre la Fe y la Voluntad*

La base de toda existencia es que nuestra individualidad es tan valiosa, ni más ni menos, que la de cualquier otro ser humano. Cualquiera pantera, cerdo, cabrito u oveja es igual a los demás de la misma especie. Las distinciones las introducimos los hombres; el perro o gato mío es mejor que el de mi vecino. Esto se extiende hasta el mundo inanimado: mi casa o automóvil es mejor que el de mi amigo (ni digamos mi enemigo). Pero esto conlleva una trampa, pues si admitimos lo contrario tendemos a creer que esto se refleja en nosotros, y nos sentimos inferiores. Esto es tan común como no estar de acuerdo con que todos los seres humanos son iguales.

Pero de lo que tampoco estamos nada convencidos es del valor de la fe y la auto-confianza. El ser humano puede cambiarse a si mismo partiendo de una aceptación genuina de su propia valía, y si reconoce que a menos que tengamos confianza de que podemos cambiar, no lo podremos realizar. Y es muy difícil lograr este convencimiento a menos que tengamos fe en un ser superior, que nos haya insuflado la espiritualidad que nos permita superar la endeble materia de la cual está hecha nuestro cuerpo. Es por esto que a través de la historia los pueblos más logrados, y por tanto destacados, han tenido profundas creencias religiosas. La materia de que estamos hechos es evidentemente execrable, y sirve tanto para precipitarnos en el abismo como para redimirnos. La diferencia la representan las cualidades del espíritu que ya hemos mencionado: la fe, la confianza y la voluntad, paradigmas de nuestra mente espiritual o nuestra alma.

g) *Aceptación, Incertidumbre y Cambio*
Hay algo extremadamente importante, y al mismo tiempo curioso, en el proceso de cambio. Ello es que, a menos que nos aceptemos a nosotros mismos no lograremos cambiar. La aceptación de sí mismo es la llave de paso del torrente de comportamientos nuevos que nos hacen cambiar. Como por arte de magia, tan pronto superada la barrera de la no o parcial aceptación, se modifica nuestro comportamiento con gran fluidez y facilidad.

La aceptación de sí mismo es una forma de auto-estima, de auto-amor, y sabemos que sólo el amor cambia las cosas. Dios hace la creación por amor, y nos sostiene a través del mismo, dado que es la única fuerza que existe en el cosmos. Así que a menos que amemos, inclusive lo malo y desagradable que existe en el mundo, no lo conseguiremos cambiar, porque la fuerza que impulsa el cambio es el amor *(amor vincit omnia)*. De la misma manera no debemos perder el sueño por los eventos futuros e inciertos, que al fin y al cabo son imposibles de predecir, sino aceptarlos nuevamente con amor, y de esta forma derivar de ellos el mayor gozo, ya que provienen de la voluntad divina, cuyos designios no podemos por ahora comprender.

Si queremos cambiar nuestros defectos, debilidades, imperfecciones, adicciones, problemas psicológicos y demás circunstancias parecidas, debemos poner y añadir cosas nuevas y buenas, en vez de intentar eliminar y borrar las viejas y malas. Esto comienza por la aceptación de estas últimas, como hemos dicho anteriormente, pero hay que ir más allá. A la vez que comprendamos la razón y el funcionamiento que originan y sostienen nuestras malas tendencias, no debemos preocuparnos por combatirlas de frente, pues el luchar contra ellas las hará fortalecerse, porque les daríamos importancia y nos concentraríamos en ellas. En vez debemos ir sustituyendo tendencias positivas en su lugar, y concentrando nuestra voluntad en ellas, asegurando así que estas se vayan fortaleciendo a través de nuestra atención, y la formación de nuevos hábitos.

h) *La Auto-Confianza y el Conocimiento*

Nuestros conocimientos básicos, la base de nuestra esencia, son estables y profundos. Por ello cuando nos surge el convencimiento de algo, no es normal que ello aflore continuamente a nuestra mente. Es este núcleo de conocimientos básicos y efectivos, el que orienta en última instancia nuestro comportamiento. Generalmente nuestras debilidades de todo tipo provienen de reaccionar a una serie de pensamientos sesgados que sólo operan en la superficialidad de nuestro ser, pero que por hábitos o confusiones nos subyugan momentáneamente. Pero prontamente se impone la profundidad de nuestras creencias, y seguimos actuando de acuerdo con ellas.

En contraste con la estabilidad subyacente de nuestros conocimientos básicos, los pensamientos y emociones que pasan por nuestra mente son fundamentalmente inestables. Muchos de ellos contrapuntean expresiones distintas y hasta opuestas, y son hiperfugaces la gran mayoría de las veces, desapareciendo de nuestra conciencia para retornar en períodos inciertos. Solamente se mantienen presentes acicateados por otros de tipo normativo, de pensamientos y emociones que reclaman que les demos atención (como el hábito, la preocupación, la duda, o el peligro cierto o imaginado), o porque la molestia que nos causan nos impulsa a fijarnos en ellos, deseando eliminarlos.

Las creencias centrales nuestras predominan cuando hacen colisión con pensamientos opuestos, determinando nuestra actuación, que es la parte realmente legítima de nuestro vivir. Son estas las verdaderas esencias de nuestros convencimientos, a su vez definidas por nuestra fe, y defendidas por nuestra voluntad. Porque confiamos en las mismas firmemente, les concedemos el poder de regular nuestro comportamiento. Y es por ello que cuando nuestras creencias son erradas, la modificación de éstas es la base para la curación de nuestras tendencias equivocadas.

i) *El Papel de la Duda.*

Muchas personas agonizan, sufren y dudan sobre las dudas. Pero hay que darse cuenta de que las mismas no son algo malo, sino necesario. ¿Cómo podríamos de otra forma descubrir la verdad? ¿De qué manera nos sería dable ampliar la esencia de nuestras creencias más allá de la instintiva e intuitiva que Dios planta en nuestras mentes? Además, las dudas nos ayudan a prevenirnos de situaciones inciertas y peligrosas. Si no aflorara en nuestra mente la duda en el momento cierto ¿en cuántos errores habríamos incurrido, y en cuántos desastres participado? No temamos a la duda; démosle la bienvenida.

Muchos caen en la falacia de pensar que la duda abre un paréntesis en nuestras vidas que nos costará y tardará mucho cerrar. Pero ello no es así, pues le podemos dedicar a la duda un tiempo razonable, y tomar una decisión sobre la misma, la cual muchas veces es instantánea. Además, la duda no compromete para nada nuestra fe, autoconfianza y creencias. La gran mayoría de las dudas que tenemos sobre éstas, constituyen prevenciones que nos sirven para reafirmarlas.

Para que nuestras creencias sean sólidas, necesitan haber pasado por el tamiz de la duda, que las desnuda de su auto-evidencia, o las despeja a través del raciocinio y la fe, mostrando lo que verdaderamente son. La duda y la humanidad son una y la misma cosa, por lo que acabamos de decir, ya que dudar es humano. Pero tenemos que distinguir entre dudas para el descubrimiento de la verdad, y las que sirven para prevenirnos. Las últimas son sólo pensamientos para ponernos sobre aviso, al modo del síndrome de huida-lucha *(flight or fight)*, y para hacernos conscientes de nuestros pensamientos sesgados (emociones), que confligen con nuestra fe y creencias, y acaban reafirmándolas.

VI

MENS SANA IN CORPORE SANO

a) *La Mente, el Cuerpo y el Espíritu: La Interacción*

Si de una cosa estamos seguros es de la interacción entre estos tres conceptos. Aunque ello no significa la ausencia de prelación, ya que es claro que el espíritu domina a los otros dos, que están en más estrecha interrelación. Es más, en ciento sentido la mente es parte del cuerpo, pero en otro no lo es. Por medio del espíritu influimos la mente y el cuerpo, dentro de ciertas limitaciones dadas por las leyes naturales, aunque podemos lograr ocasionalmente resultados que superan estas limitaciones, pero en personas preclaras por lo general. A través de la simbiosis entre la mente y el cuerpo, estos se pueden influir mutuamente, aunque es más común que la dirección vaya del primero al segundo.

El espíritu o el alma son el alfa y el omega de esta interrelación. ¿Por qué es esto así? Es que en ella reside nuestra dosis de espiritualidad. En los destellos eléctricos y las reacciones químicas del cerebro o la mente jamás podremos hallar la brújula espiritual. La experimentación continúa para tratar de explicar cómo se producen los pensamientos, sentimientos, emociones, creencias, etc., de la serie de elementos inanimados que componen nuestra sustancia gris, y estamos muy lejos de entenderlo como un proceso endógeno. Es difícil de creer que vamos alguna vez a conocer cómo llegamos, sin una influencia exógena, necesariamente divina, a explicarnos el funcionamiento de una materia para producir resultados anímicos. (Consultar en este tema las conclusiones de Karl Popper y Richard Eccles en *The Self and Its Brain*). Y menos ahora en la etapa del post-modernismo, en la cual el positivismo y la razón han entrado en crisis.

La dirección de nuestra vida se encuentra en nuestro espíritu, que es el centro y la esencia de nuestro ser. En el reside nuestra conciencia, a través de la cual no tan sólo percibimos éticamente, sino que también juzgamos, y donde está implícita nuestra apreciación del bien y del mal, que hace del hombre un ser moral. Y una ética no establecida por el hombre en sí mismo, sino referida al ser eterno y supremo que nos creó, y que es esencialmente distinto de las criaturas. Por ello dirigimos nuestro cuerpo y nuestra mente a comportarse de acuerdo con los principios de conducta dictados por nuestra religiosidad.

b) *Manifestaciones Psicosomáticas*

El ego es la parte centrada en sí misma de nuestro ser interior. La que se preocupa por uno mismo primero que todo. Donde se expresa la conciencia de sí mismo como un ser diferente. La estimación de nuestra valía y la seguridad en sí mismo. Todo esto hace que las estrías que estas preocupaciones por nosotros mismos dejan en nuestra mente, estén bien marcadas. Cuando esta característica psicológica predomina, nuestro cerebro queda marcado por ciertas reacciones que reflejan la misma, como por ejemplo el hábito de perseguir la satisfacción personal, y el evitar la incomodidad.

El super-ego vigila al ego y lo mantiene bajo ciertos límites. Es la conciencia del bien y del mal. Lo constituyen nuestros principios morales, dados fundamentalmente por nuestra religiosidad y nuestra educación familiar, escolar y social. Cuando a través de nuestra psiquis llegamos a convencernos de que estamos actuando erróneamente, nuestra conciencia conduce al cerebro (mente) a emitir ciertas sustancias genéricamente conocidas como enkefalinas, y todo el organismo reacciona con un sentimiento de culpabilidad que afecta todos los intersticios de nuestro ser, aunque no podamos darnos cuenta totalmente de ello. Lo contrario ocurre cuando actuamos de acuerdo con nuestras normas morales.

Las dos tendencias anteriores, descritas por Sigmund Freud como los principales motores del comportamiento humano, que actúan a través de nuestra mente y producen reacciones psicosomáticas que comienzan con sustancias químicas y pulsaciones eléctricas que se intercambian en el cerebro, son complementadas con una tercera fuerza llamada el id. Esta representa la tempestuosidad de nuestros deseos más animales, desde el libido hasta la avaricia, y los demás pecados capitales que se anteponen a las virtudes teologales y cardinales. Freud le concedió una importancia central a esta fuerza en el moldeo, desde niño, de las características fundamentales que componen nuestra psiquis. En nuestra opinión, especialmente en las tendencias sexuales, el creador del psicoanálisis erró, pues el ego y el superego son más relevantes e importantes en la explicación de la actuación humana.

c) *Problemas más Estrictamente Fisiológicos*

Los pensamientos, emociones e ideas erradas subyacentes en el inconsciente o subconsciente de nuestra psiquis, pueden producir enfermedades corporales. Es muy frecuente que por un sentido de culpabilidad, o por un sentimiento de inferioridad reprimido, las vías de escape de estos problemas psicológicos puedan ser ataques asmáticos o alérgicos de cierto tipo. En este caso habría que ir a la fuente primaria del problema para su curación, y no la paliación, de las dolencias. Esto significaría el traer a la superficie y desenmascarar estas creencias equivocadas que se encuentran subyacentes en nuestra mente, lo cual, como hemos apuntado en el capítulo V, es enteramente posible.

En el mundo moderno es muy común el sufrir de ansiedades y angustias. Las mismas son producto de las presiones de las vidas trabajadora, familiar y social. En algunos casos no somos conscientes de estos problemas, y en otros, los más, no sabemos cómo resolverlos, o nos resistimos a hacerlo apropiadamente. Es más fácil desarrollar jaquecas crónicas o dolores de espalda recurrentes, y tratar con medicamentos estas enfermedades, que son y se sufren como reales, que enfrentar el trago más amargo de reconocer una dolencia psíquica. Esto último conllevaría el aceptar una deficiencia de nuestra personalidad, y el enfrentar el «que dirán» que aún macula a estas enfermedades, al igual que un mediato y prolongado tratamiento psicológico y/o psiquiátrico. La vía más fácil nos lleva a desviar la atención del verdadero problema y seguir adelante.

Lo mismo podemos decir de las reacciones somáticas que produce la depresión. Es más, es muy frecuente experimentar en el presente estrechas relaciones entre los fenómenos depresivos y los de ansiedad, ya que al no poder librarnos de unos, se combinan fácilmente con los otros. Esto por supuesto recrudece las manifestaciones fisiológicas de estas dolencias psíquicas.

d) *Problemas más Estrictamente Psicológicos*

Es también común encontrarnos con las manifestaciones mentales de los problemas de la psiquis. Al igual que las enfermedades corporales que hemos descrito justo arriba, que impiden lograr la máxima que intitula este capítulo, igualmente lo hacen una serie de debilidades de nuestra psiquis, que nos dificultan razonar sensatamente a menos que les demos atención. Las más comunes son los comportamientos anormales que se producen por las neurosis (término que aunque no es tan usado en la actualidad, no parece haber sido adecuadamente reemplazado) que sufren comúnmente los seres humanos.

Otras fallas psicológicas proceden de la desarmonía en el quehacer humano que resultan de los tan frecuentemente padecidos síndromes obsesivos y compulsivos. Las dolencias de nuestra psiquis que provienen de estas enfermedades, son diferentes a los comportamientos poco razonables de que nos imbuyen las neurosis, sino que consisten en la repetición habitual de reacciones que nos impiden actuar de una forma racional. Nuestro radio de acción queda limitado por las pre-selecciones que el mecanismo obsesivo-compulsivo realiza automáticamente por nosotros.

Nuestra sanidad mental, finalmente, es retada por otras de las enfermedades mentales básicas que afligen al hombre moderno, que si no es afectado por una de ellas, lo es por alguna otra. Estas últimas a ser mencionadas son el miedo irracional y la inseguridad. Aunque la anterior podría considerarse parte de los síntomas de obsesión y compulsión, y la posterior es una faceta de la neurosis, lo extendido de estos síndromes nos hace clasificarlos separadamente. La agorafobia es también conocida como un temor a situaciones en las cuales el espacio o el público nos impresiona, y lleva a conducirnos como dominados por un miedo irracional. La falta de autoestima está también muy generalizada, y la inseguridad que produce impide que tomemos decisiones basadas en pensamientos y opiniones ponderadas.

e) *El Tratamiento de Estos Problemas*

Lo primero que es necesario reconocer es que las causas aparentes de los mismos no son las fundamentales. Para que funcionemos sin los achaques del cuerpo, ni los de la mente, habrá que convencerse de la prelación de lo anímico sobre lo corporal en la generación de nuestros males. La sanidad mental es meridianamente importante. Para que esto quede claramente establecido, debemos subrayar que hay muchas enfermedades y dolores que no son reconocidos por nuestro ser, simplemente porque no los percibimos (no se envía la sensación del sistema nervioso al cerebro). Esto nos sugiere que frecuentemente podemos eliminar nuestros problemas a base de ignorarlos. Las que ilustran este punto son tan comunes como el mal aliento, las reacciones alérgicas y el catarro. Y al igual que la mente es la clave para el reconocimiento de estos problemas, también en ella reside además un poder curativo extraordinario, como lo ilustra la auto-generación de algunas de las enkefalinas, como las dopaminas y las endorfinas, en nuestro organismo. Esto no quiere decir que no existan muchas dolencias de causas más estrictamente corporales o fisiológicas, pero hasta en esos casos con el poder de la mente, (y mucho más el espíritu), se pueden obtener paliativos y curaciones.

Pero lo más básico de lo que hemos tratado de explicar justo arriba, es de que *mens sana* es la parte más relevante del estribillo. Y por ello es que es tan importante evidenciar la manera en que nuestros mecanismos de pensamiento, emoción e imaginación, causan un conjunto de irracionalidades que llevan a nuestro desbalance mental, y por tanto a nuestras enfermedades fisiológicas o psicológicas.

Es necesario reconocer que este proceso de pensamientos sesgados, o emociones, que siguen a los estímulos que experimentamos de manera múltiple en cada segundo de nuestras vidas, y que están basados en creencias superficiales que no se compatibilizan con las esenciales y centrales que constituyen el núcleo de nuestros convencimientos y nuestro ser, llevan a acciones que generan las situaciones de enfermedad mental y corporal que sufrimos. Vigilemos continua y constantemente este proceso, para evitar los continuos tropiezos que complican y limitan nuestra existencia, y le impiden alcanzar su plenitud. Al hacerlo no estaremos sino reforzando nuestras tendencias naturales, pues en su normal funcionamiento nuestra mente esta continuamente debatiendo estas ideas fundamentales, y no admitiendo que las irracionalidades nos dominen en la gran mayoría de los casos. Sin embargo, hay muchos otros en que embargados por ataques de pánico, procesos de negación (o aceptación), hábitos, compulsiones y obsesiones, etc., acabamos actuando de forma enfermiza.

f) *Tratamientos Adicionales*

Muchas veces para deshacernos de este equipaje de irracionalidad que limita nuestros rendimientos, y nos impide la felicidad que nos es ofrecida en esta tierra (si referenciamos nuestra vida a los designios del Dios creador) debemos empezar por establecer ciertos comportamientos corporales. Es bien sabida la influencia del comportamiento habitual que generalmente se deriva de un esquema mental aceptado. A veces se rompe este esquema a través de actuar en una forma contraria al mismo. La repetición, por decisión impuesta por nuestra voluntad, de ciertos comportamientos corporales, aún sin convencimiento de la mente, puede llevar a quebrar una irracionalidad que residía en nuestros lóbulos cerebrales frontales.

Hay que reconocer que lo anterior se basa en la no separabilidad del espíritu y el cuerpo, siendo la mente parte del último. Tanto más si comprendemos que el cerebro y el resto del cuerpo no son compartimentos estancos. Por tanto, una manera alternativa de trabajar, aunque todo depende del caso, es el buscar en la mente y el cerebro la solución de nuestras dolencias, a través de la eliminación de los sesgos en la colección de pensamientos, emociones e imágenes que circunstancialmente influyen en nuestra actuación. Probablemente esta ruta sea más rápida y certera, pero tal vez necesite ser reforzada por un comportamiento corporal.

Tomemos por ejemplo el caso del alcoholismo. Aunque entendamos a plenitud como se crea el comportamiento habitual a lo Skinner, y conozcamos todo el conjunto de pensamientos sesgados que nos llevan a repetirnos «sólo un traguito y no más» o «jamás podré vencer este problema que he heredado», y nos hacen caer, no lograremos nada hasta que forcemos a nuestro cuerpo a no empinar el codo en las próximas cuatro horas. Sin este acto de la voluntad actuando corporalmente, por medio del cual nos prohibimos caminar hasta el expendio de alcohol más cercano (o hasta donde escondimos la botella) pudiera ser insuficiente todo el análisis de las trampas que nos hace nuestra mente cuando vemos un anuncio de cerveza en la televisión (estímulo), que nos lleva a un silogismo de emociones y pensamientos sesgados cuya conclusión única es que debemos ingerir alcohol. El contra-hábito corporal de quedarse quieto en el lugar en que se estuviere, y de no ir en busca de la botella de bebida, pudiera ser muy útil para librarse de este y otros hábitos.

h) *El Cuerpo y los Ejercicios Mentales*

Nuestra mente y el resto del cuerpo están indisolublemente unidos en una misma estructura fisiológica y corporal. De nuestro cerebro parten los sistemas nerviosos que controlan cada milésimo de segundo las varias funciones de nuestro organismo. Por lo tanto, si por nuestra volición deseamos conseguir un control sobre nuestras extremidades, nuestro corazón, nuestros pulmones, etc., la mente puede llevarlo a cabo. Es decir, el cerebro y el cuerpo constituyen vasos intercomunicantes. Esto ha quedado más que demostrado por técnicas como la hipnosis y la retroalimentación biológica.

Igualmente puede decirse del alma humana en su relación con nuestra mente y nuestro cuerpo. Aquí la clave reside en la fe y la voluntad, que son los mecanismos que ponen en funcionamiento las poderosísimas y sobrenaturales fuerzas espirituales. Las vías de comunicación son prístinas por las gracias recibidas del Señor en cuanto a la primacía del espíritu sobre la materia. Sin llegar a los milagros, hay incontables ejemplos de estos atributos del ser humano de dominar dolencias, enfrentarse a las tragedias más espantosas, sufrir los dolores más intensos, y realizar las hazañas más prodigiosas, todo por el poder del espíritu. La medicina conoce estas fuerzas, y las desencadena cotidianamente con el uso inteligente del *efecto placebo*.

El secreto del éxito de estos ejercicios es la repetición, para ir desarrollando los receptores en las células del cerebro que hagan de los mismos un comportamiento aprendido. Al mismo tiempo, esta repetición nos va creando la confianza de que podemos realizar estas funciones, y que nuestra mente y cerebro pueden llevarlas a cabo. Concurrentemente vamos desarrollando esta habilidad de manera tal que nos sentimos seguros y que tenemos control de estos mecanismos. Las anteriores son las características fundamentales para el buen desempeño del ser humano en cualquier tarea, y definen lo que es el aprendizaje, la experiencia y la capacitación en cualquier cosa que intentamos desde la cuna, y eventualmente la profesionalidad en los quehaceres.

i) *La Psiquis y los Ejercicios Corporales*

No sabemos explicar porqué, como muchos de los misterios que constituyen la vida humana, pero es cierto que el ejercicio físico de nuestro cuerpo crea una reacción positiva, en el resto del organismo, incluyendo la mente. Nos sentimos más saludables externa e internamente. Sólo recientemente ha surgido la hipótesis científica de las bondades que tiene el ejercitarse para las personas, sin que se haya podido rechazarla hasta ahora.

El efecto psicológico del ejercicio es igualmente extraordinario. Esta hipótesis tampoco ha podido ser refutada hasta el presente. Después del ejercicio, inclusive aunque estemos cansados físicamente, generalmente nos sentimos mentalmente realizados, lo cual pudiera estar relacionado con algo extra-corporal, como la satisfacción de haber cumplido una tarea o de estar cumpliendo un plan que nos hemos propuesto. Pero tal vez la explicación fundamental es lo que escribíamos un poco más arriba, que es la influencia de la *utiiva* (soma) sobre la psiquis a través de los vasos comunicantes entre ellos.

Sabemos que obviamente el cuerpo y el cerebro están ligados por todos los sistemas corporales, como el nervioso, el circulatorio, etc. De ahí viene la famosa expresión «psicosomático», que se deriva de la famosa palabra griega escrita justo arriba. Siempre pensamos que es de la mente al resto del organismo que opera la influencia, pero también actúa en dirección contraria. Igualmente tampoco pensamos en la influencia corporal sobre el espíritu, pero entre otras, recordemos que el trabajo físico estaba considerado una parte esencial del ideal de perfección que perseguían y persiguen las órdenes monásticas católicas.

j) *Resumen y Conclusiones*

El ser humano tiene que luchar contra numerosas aflicciones y síntomas físicos y mentales. Muchos de ellos son reprimidos automáticamente por nuestro organismo, ya sea porque no podemos procesar tanta información, y en general, por los límites de nuestra racionalidad. Otros son impedidos de aflorar a nuestra conciencia, especialmente durante la infancia y la temprana adolescencia, porque no podríamos afrontarlos con cabalidad. Para aquellos que surgen a nuestra conciencia, la gran mayoría son de tipo perecedero, pues serán prontamente suplantados por otros que vienen detrás. A veces, sin embargo, caemos en la trampa de preocuparnos por ellos, o darles importancia, bajo la bandera de la defensa del ego, y de esta forma le damos permanencia en nuestra conciencia, y comienza la preocupación en grande. Inclusive, le ofrecemos en algunos casos la posibilidad de irrumpir en nuestra conciencia en multitudes de ocasiones, y hasta de forma compulsiva-obsesiva, y así creamos un hábito. Esto constituye un infortunio que podría y debería ser evitado.

Ante todos estos problemas sabemos que podemos contar con un poderoso aliado en la esencia de nuestro ser, donde residen nuestras profundas convicciones, que conocemos rigen nuestra voluntad, y ejercen una influencia meridiana sobre nuestro comportamiento. Este centro de bondad que podemos también llamar espíritu o alma, esta conformado a imagen y semejanza del Creador. Las funciones de nuestra mente y el sistema nervioso, están primordialmente influenciadas por esta esencia de nuestro ser que, a pesar de que tengamos innumerables pensamientos y emociones, constituye un timonel que nos guía a puerto seguro, pues determina nuestras acciones, que es lo fundamental de nuestro comportamiento.

Para el tratamiento de los problemas psicológicos y fisiológicos del ser humano, este espíritu constituye un poderoso aliado. Desde controlarse la presión hasta confrontar pensamientos prejuiciados basados en creencias pasajeras que nos agobian, estos son los objetivos fundamentales del motto: *mens sana in corpore sano.* Hasta en las oportunidades en que acciones corpóreas llevan a cambiar actitudes mentales, cuando la repetición de actos corporales nos deshabitúa de ciertas fobias o pánicos, el punto de inicio, si lo examinamos bien, reside en la voluntad que expresa nuestras creencias esenciales.

VII

EL AMOR, EL TRABAJO Y LA FELICIDAD

a) *La Felicidad Sólo se Consigue Indirectamente*
   El amor es la principal fuente de la felicidad. Pero curiosamente se consigue al dar amor, y no buscando recibirlo. Cuando uno entrega cariño se consigue la plenitud psicológica. ¿Por qué sucede esto? Primero, porque nos damos cuenta que tenemos dentro de nosotros algo que tiene valor, y nos sentimos realizados al entregarlo. Debemos recordar que nadie puede dar lo que no tiene. Es más, según Carl Gustav Jung, sólo regalándolo podremos saber que lo tenemos. Segundo, no solo crece nuestra autoestima cuando nos damos a los demás porque tenemos algo de valor para ellos, sino que también nos percatamos de que este querer que damos a otros significa que *nos amamos* a nosotros mismos, que es de donde procede esa riqueza de amor que hemos acumulado, y que voluntariamente traspasamos al prójimo. Si nos odiáramos, o fuéramos indiferentes a nosotros mismos, no pudiéramos dar amor a los otros, porque no lo tendríamos dentro. Tercero, muchas veces nuestro amor es correspondido, lo que es una fuente adicional de felicidad, especialmente cuando no lo esperamos, o no hacemos del cariño retribuido una condición.
   No tan sólo es la felicidad un sub-producto del amor, mientras más incondicional mejor, sino también del trabajo que hacemos. Recordemos la frase de Sigmund Freud que la vida es amor y trabajo. Pues éstos vivifican al hombre y lo hacen hacer alcanzar su plenitud. Pero como ya hemos tocado al amor, pasemos a examinar más de cerca el trabajo. El sentir gozo en el trabajo, como a menudo sentimos cuando hemos terminado una tarea difícil, hace al hombre copartícipe de la labor de una creación, que está continuamente desenvolviéndose. Nada se crea ni se destruye, sino que se transforma, según uno de los principios de la termodinámica. Significa el ayudarse a si mismo y a

sus hermanos, pues se produce indirectamente todo lo que sostiene la vida de uno, y parcialmente la de los hermanos. En ello y por ello el trabajo está indisolublemente atado al amor. Finalmente, el poder contribuir a través del trabajo significa que podemos ejercer las cualidades que tenemos, expresadas en potencialidad de trabajo, para producir algo que los demás aprecian, lo que nos hace más seguros de nosotros mismos, ya que recalca nuestros atributos.

Por tanto, es a través de amor y trabajo que conseguimos en forma muy circular la felicidad. Si vamos a ella certeros como una bala destruiremos cualquier posibilidad de obtenerla, porque la misma es el producto de las cosas que hacemos, y se deriva de esa circunvalación. Por cierto, no es sólo la felicidad la que tiene esta propiedad en la vida del hombre. Existen muchas metas que si las perseguimos con gran afán no las logramos, porque nos vuelven tensos y demasiado conscientes. Estas van desde el desempeño en el deporte, hasta los logros en el campo intelectual, cubriendo todo un gran terreno en el medio.

b) *La Felicidad Comienza por la Auto-Estima y la Aceptación de Sí Mismo.*

Debemos explicar que el amor que tenemos dentro de nosotros tiene su origen en la aceptación de nosotros mismos. De no aceptarnos, estaríamos inconformes con lo que somos, lo que nos llevaría a choques y pugnas internas que generarían desamor. Si no nos amamos como fuimos creados y nos hemos desarrollado, no podríamos generar amor. De ahí la importancia de tener fe que Dios existe y nos ama, ya que la misma cura todo los conflictos internos y armoniza al ser humano consigo mismo, lo cual es esencial para que el resto de la creación se mueva dentro del amor, que es la esencia de lo que El es, puesto que sin su presencia todo tendería a la destrucción.

Por otro lado, la aceptación de nosotros mismos es el camino que conduce, a través del amor, a dar valor a la manera que somos, y paulatinamente mejorarnos. Si nos amamos, también nos auto-estimamos, y este amor y estima los traspasamos a los demás. ¡Y lo recibiremos de vuelta generalmente! ¡Qué mayor felicidad podríamos sentir que la que indirectamente produce todo esto!

c) *Sólo si Somos Felices Podremos Transmitir Felicidad*

Como hemos visto en las secciones anteriores de este capítulo, no sólo la felicidad, sino prácticamente todo lo que tiene valor en este mundo, envuelve una circunvalación, lo que implica que el gozo de los mismos resulta de un proceso en buena parte indirecto. Otra de las aplicaciones importantes de este principio es que, para curarnos y ayudarnos a nosotros mismos, la mejor manera de conseguirlo es por medio de nuestros esfuerzos dirigidos a ayudar y sanar al prójimo. Por definición establecemos en nuestra concentración en los terceros la capacidad de curación y ayuda personal (nadie da lo que no tiene). Además, la auto-realización impelida de nuestros esfuerzos con los hermanos, fortalecerá aun más los atributos internos que estaremos donando a los demás. Es bien conocido que el que enseña es el que más aprende *(docendo discimus)*. Finalmente, el agradecimiento y atención que recibimos del prójimo, y la retribución de nuestra ayuda, fortalecerán aun más nuestra curación.

Lo mismo sucede con la felicidad. Sólo se puede transmitir si uno ya goza de ella. En el caso de la felicidad, esta afirmación que también se aplica al amor, al conocimiento, a la seguridad y confianza, a la fe, etc., es mucho más evidente. Un hombre feliz hace felices a los demás que quieran serlo. Lo mismo sucede con la alegría. Pero noten que el receptor tiene que querer recibir el don, para que este se pueda traspasar.

Por otro lado, al transmitirse la felicidad, la misma rebota hacia aquellos que la generan en el comienzo. Al recibir la felicidad el hermano, y reproducirla, este aumento de felicidad regresa engrosado hacia nosotros. Y esto nos hace hasta más felices, aun cuando nosotros hayamos traspasado originalmente la felicidad. Y mientras mejor lo hagamos, encarnándonos en el prójimo, más grande y efectiva regresa a nosotros, pareciendo que fueran los otros, y no nosotros, los que dimos. Claro está, debemos en todo momento tener presente que la felicidad que se transmite, generalmente se regenera en forma indirecta, como explicábamos algo más arriba.

d) ***El Trabajo y el Amor Promueven la Orientación hacia los Otros***

Como hemos discutido en un capítulo anterior, la actitud más conductiva al balance y la serenidad mental es dirigir la vida, siguiendo una dirección interior, y orientarla hacia los demás. Cuando nos comportamos amorosamente es esto lo que estamos haciendo. El amor que nosotros hacemos brotar del interior de nuestro ser, lo dirigimos hacia el prójimo, compartiéndolo con él. De esta manera el amor encuentra su razón de ser en el otro, reforzando el sentido de la vida balanceada, que en gran parte significa la orientación hacia los demás.

Lo mismo se puede decir del trabajo. Es algo que constituye una decisión que proviene de nuestra voluntad. Y aunque pudiera parecer que lo estamos haciendo con una vocación egoísta, si lo examinamos bien trabajamos con y para otros. Damos de nuestra energía, que la tenemos en potencia, para ser parte del adelanto de la humanidad, y para poner nuestros talentos a producir para los demás. No lo hacemos tanto por el sustento, que se ha demostrado consiste en una fracción ínfima de los emolumentos que recibimos, sino para hacernos útiles. Para darle más sentido a nuestra vida. Y la estimación propia crece al comprobar que los demás aceptan nuestro esfuerzo, y nos lo retribuyen con el suyo propio. De ahí que uno de los grandes costos en términos de bienestar que sufre el ser humano, acontece cuando no puede dar cuenta de los talentos donados por el Creador, al quedar desempleado por mucho tiempo. El impacto psicológico de la desocupación es tal vez el costo mayor de este fenómeno económico.

Pero debemos puntualizar que tanto el amor como el trabajo deben estar dirigidos por nuestras más centrales y esenciales creencias, acentuados por nuestra fe, y fustigados por nuestra voluntad. Si no, existiría el riesgo de que nos perdiéramos en innumerables actos laboriosos y amorosos sin que los guíe finalidad alguna, y se produzcan sin ton ni son. El ejemplo máximo del tipo de vida que debemos seguir es la de Jesús, que aunque entregando amor y trabajando por los demás, no perdía de vista el establecimiento de su mensaje, aún viviendo diariamente totalmente libre y sin agenda. Recordemos el gran tiempo que el dedicaba a la oración, al ayuno, a la penitencia y a la reflexión, acicateado por su fe en seguir los designios del Padre. Si leemos los evangelios encontramos continuamente la referencia a que Cristo se apartaba de las masas que lo seguían, y con las que trabajaba y a las que amaba (especialmente a los apóstoles y demás discípulos), para centrarse en el sentido básico de su misión, y asegurar que esta dirigiera sus actos.

e) *El Amor y el Trabajo Evitan la Concentración en Sí Mismo*

Como están orientados hacia terceros, el amor y el trabajo nos apartan de la excesiva preocupación por uno mismo, que es la fuente de la ansiedad y la angustia. Estas últimas nos alejan de la felicidad, que llega cuando nos concentramos en el otro, orientándonos hacia ellos, por decisión y dirección propia. Al encontrarnos en los demás, ellos se encuentran en nosotros, y nos devuelven el amor y el esfuerzo que hemos hecho por ellos como prójimos. Todo esto, por supuesto comienza con nuestra propia auto-estima y amor, y el cuidado de nosotros mismos, pues nuevamente no podemos dar lo que no tenemos. Pero cuando este auto-cariño nos lleva a un crecimiento desmedido del ego (egoísmo), nos preocupamos tanto de nuestro bienestar, y tan poco del de los demás, que nos hacemos proclives a la preocupación y al análisis del yo, y a estar demasiado conscientes de nuestros actos y pensamientos, lo que nos aparta de la felicidad, no digamos ya de nuestro balance mental y emocional.

Esta tendencia a estar fundamentalmente conscientes de nosotros mismos, y de lo que nos está aconteciendo a cada momento, nos apresa en un remolino de observación y análisis del propio yo, que limita el percibir, juzgar y actuar en el mundo social. Nos sentimos oprimidos en círculos cada vez más concéntricos y estrechos, cuyo centro de vida en forma creciente es uno mismo. La preocupación sobre nuestro desempeño y lo que nos pasa, sólo está matizada por nuestras propias entelequias y egoísmos, y no podemos escapar de nuestras propias trampas, para percibir el mundo de afuera y juzgarnos desde su perspectiva. Como consecuencia de lo anterior desarrollamos un perfeccionismo que nos lleva a reclamarnos actuaciones y comportamientos fuera de nuestras posibilidades, y a estar continuamente midiendo y juzgando los mismos, siguiendo estándares no tan sólo inasequibles, sino equivocados. Todo esto acaba por encerrar a nuestra mente en una cárcel donde no llega la luz del sol, que esta fuera de nosotros mismos, y que no dejamos penetrar por un conjunto de pensamientos prejuiciados que se derivan de un excesivo auto-examen, egocentrismo y seguimiento personal, que impide la naturalidad. Nos falta la confianza en uno mismo que sólo podemos en última instancia conseguir de la fe que en nuestro interior tengamos en Dios, y que nos explica lo que somos y valemos, y nuestro lugar dentro de la Creación.

El mejor antídoto contra este esquema yoísta, obsesivo-compulsivo, e hipocondríaco es el olvidarse de sí mismo. Para ello existe la entrega a los demás; el vivir para el prójimo; la concentración en el hermano. Todo esto implica amor y trabajo. Curiosamente ésta constituye la doctrina cristiana. Los psicólogos cognitivos-emocionales de hoy, curan con las ideas de Jesucristo, que no sólo nos muestra cómo alcanzar el Reino de Dios en el cielo, sino también en la tierra.

VIII

LA ACEPTACIÓN Y EL CAMBIO

a) *La Aceptación de Eventos Espontáneos (incluyendo Pensamientos y Emociones).*

Los seres humanos son todos diferentes, pero al mismo tiempo son iguales en alrededor del 98 por ciento de sus características o atributos biológicos. Cada persona tiene un valor que le concede su Creador, y que por lo tanto es infinito. No hay seres superiores ni inferiores, ya que somos creados con idéntica valía. Como todos tenemos una conciencia que nos hace evaluarnos a nosotros mismos y a nuestras acciones, este super-ego generalmente tiende a juzgarnos muy fuertemente. Por eso muchas veces no aceptamos nuestra manera de ser. Nos molestan tanto algunas de nuestras emociones, nuestras debilidades, nuestro comportamiento, que les declaramos la guerra en nuestras mentes. Pero como hemos explicado en capítulos anteriores, mientras más se quiera borrar de la mente una idea, más se hace presente. Paradójicamente, sólo si las aceptamos como algo típico de nuestro ser, podremos cambiarlas.

Si nos dedicamos a combatirlas frontalmente aumentará la molestia que nos producen, y nos haremos crecientemente conscientes de ellas. Y los receptores mentales que nos alertan de las cosas que molestan, inmediatamente prepararán sus reacciones. La primera y más poderosa es la de duda y/o preocupación. Está podrá ser seguida de reacciones somáticas y psicológicas, pero ella sola es suficientemente fuerte como para asegurar que estas molestias afloren con cierta frecuencia en nuestra conciencia, porque al preocuparnos por ellas les concedemos una importancia más allá de lo común.

Por ello, aunque parezca contradictorio, mientras más nos aceptemos, más fácil será el cambiar. Claro está, esto implica que por un acto de nuestra voluntad queremos modificar algo que no marcha bien en nosotros. Pero la ruta comienza por reconocer lo que somos antes del cambio, e integrarlo y amarlo como si fuera un enemigo que tenemos dentro, y al que vamos a convencer de que cambie. Sólo lo lograremos a través de poner la conducta buena en lugar de la mala.

Debemos concentrarnos en fortalecer lo bueno y no en debilitar lo malo. Esto último se logrará indirectamente (como la felicidad), en forma paulatina, después de la aceptación amorosa de nuestros defectos, y la volición del cambio, y llevándolo a efecto en nuestra actuación.

b) *La No Aceptación del Comportamiento Negativo (incluyendo Hábitos y Acciones)*

Cuando no aceptamos nuestros pensamientos y emociones estas se reproducirán, regresarán y crecerán. Hace muchos años, más de los quisiera recordar, asistí en un cine a uno de esos muñequitos o cartones del Pato Donald, inseparable compañero del Ratón Miquito. Donald se había acostado para dormir una noche, y todo parecía ir bien hasta que se percató del ruido que hacía una gota al caer de la llave o pluma de agua, al lavamanos de su baño. La gotita caía con una frecuencia periódica de varios segundos, e inocentemente corría por el desagüe hacia su destino final fuera de la casa. Pero al Pato Donald le molestó el ruidito, y como consecuencia le costó conciliar el sueño. En vez de aceptarlo y despreocuparse de el, lo que seguramente lo habría hecho caer en los brazos de Morfeo, trató de combatirlo. Primero se tapó los oídos de mil maneras. Después, hizo lo indecible por arreglar la gotera. Finalmente, al no conseguirlo, atacó a la llave de paso de agua y provocó un salidero incontenible del líquido que le fue inundando la casa. Su reacción inflexible y compulsiva-obsesiva, no sólo no resolvió el problema, sino que lo engrandeció, demás está decir que ni durmió, ni hizo otra cosa el resto de la noche, que luchar contra el monstruo que el mismo había creado por su falta de aceptación. Si lo hubiera aceptado, y fijado su atención en vez en el placer de dormir en una mullida cama, o dejado que la mente divagara, habría logrado relegar la gota de agua fuera de su conciencia, através del consuetudinario olvido.

Por lo anterior se deduce que para remover lo que es un pensamiento o emoción negativa, lo mejor que podemos hacer es dejarla estar, aceptarla, no preocuparnos por ello, ni darle importancia o concederle audiencia. Al seguir esta táctica de no hacerle frente o tratar de cambiarle, y poner otro pensamiento o emoción en su lugar, especialmente si es de tipo positivo y agradable, aquello desaparecerá por si solo. Nuestra mente por lo general es cambiante, y es difícil que cualquier pensamiento o emoción perdure más de unos segundos. Como bien sabemos, nos cuesta mucho trabajo concentrarnos. Además, nuestra voluntad nos permite escoger a lo que queramos prestarle atención, e inclusive cuando nos afecta la preocupación, hipocondría, obsesión o compulsión con algo, aquella siempre nos permite sobreponernos y fijar nuestra atención, mientras la negativa molestia se desvanece más temprano que tarde.

Piensen que muchas veces nos llegan tentaciones a través de pensamientos codiciosos u obscenos, o sentimientos de odio o envidia. No sólo el cristianismo, sino también el budismo, consideran que las tentaciones son incontrolables, y que constituyen pensamientos y emociones que asaltan nuestra mente (tentaciones), pero que podemos cambiar pensando en otra cosa. No debemos permitir que nos asusten o amedrenten, sino considerarlas expresiones normales de nuestro ser después del pecado original, que podemos "borrarlos" de nuestra conciencia por nuestra volición, concentrándonos en otras cosas. Santa Teresa de Avila escribió: «Nada te turbe, nada te espante, todo se pasa, Dios no se muda, y la paciencia, todo lo alcanza. Quien a Dios tiene, nada le falta, sólo Dios basta». Y también decía que la imaginación era la loca de la casa.

c) *Mientras más nos Aceptamos, más Cambiamos*

Esto es como magia. Nadie lo creería a menos que lo expliquemos en términos del amor. Sucede que cuando tenemos la volición del cambio, pero nos molesta lo que somos, y hasta nos despreciamos a nosotros mismos, la ausencia del amor nos amarra al pasado (lo mismo sucede cuando queremos ayudar a cambiar al prójimo). Pero aceptarse es amarse, y el amor disminuye la importancia de los comportamientos que queremos cambiar, y los mismos se desvanecen sin que tengamos que prestarles atención. Aunque es posible que de vez en cuando alguno de nuestros antiguos hábitos resucite, o que se mantenga en la inconsciencia y aflore en ciertas ocasiones.

Lo primero que debe hacer un alcohólico para curarse de su mal es aceptar lo que es. Con esa aceptación viene, como hemos dicho, la recuperación de la auto-estima, a través de comenzar a amarse a sí mismo como ser creado con valor intrínseco. Con ello llega el reconocimiento de que valemos tanto como cualquier otro ser humano, y que hemos sido creados como individuos diferentes de los demás, imposibles de copiar, y cuya singularidad hace que nuestra presencia en la historia sea importante e irremplazable. Sólo entonces comprenderemos que nuestra voluntad puede moldear lo que aceptamos que somos. (De la misma manera Dios nos acepta y nos ama como somos, pero nos pide mejoremos a través del amor.) Y es así como el alcohólico promedio inicia el camino hacia la sobriedad, sabiendo que los deseos de consumir alcohol volverán a molestarlo, pues se han hecho habituales, pero seguros que los vencerán día a día, a base de la volición de hacer otras cosas. En estas verdades se basa el tratamiento contra el alcoholismo establecido mundialmente por la organización Alcohólicos Anónimos, y el primer paso es decir: «soy un alcohólico».

Mirándolo desde otro punto de vista, el aceptarse a si mismo que preconizamos, enfatiza una distinción entre los pensamientos, emociones, recuerdos, fobias, compulsiones, obsesiones, ansiedades y angustias que se desenvuelven en el ámbito mental, y las acciones, que representan manifestaciones más serias y permanentes de lo que queremos aceptar (y lo que somos) pues envuelven a nuestra voluntad. Pero los primeros, cuando constituyen creencias profundas, son el origen de los últimos, y por ello debemos considerarlos prioritariamente. Todas estas manifestaciones de la mente son complejas. Y hasta podríamos llamarlas tramposas y traperas, en intentar erosionar nuestra propia esencia. Sin embargo, lo que inicialmente debemos aprender en el proceso de aceptación es a no tenerles miedo, ni a darles más importancia de la que tienen, porque sólo existen dentro de nuestra mente. Después hay que comprender que aunque parezcan saboteamos (afirmando, por ejemplo, que realmente no podremos aceptar lo que queramos) no tienen ningún poder para hacerlo por nuestro *libre albedrío,* y hasta nos ayudan, porque nos previenen del peligro y de nuestras propias debilidades. (Por ello debemos aceptar hasta los pensamientos de que no debemos aceptarlos.) En consecuencia, es necesario hacerlos nuestros amigos, y hasta reírnos con o de ellos, lo cual no obstaculizará el cambio, sino más bien lo propenderá, mientras nuestra voluntad lo decida y ejecute.

d) *Lo que se Acepta, Desaparece; lo que se Rechaza, Crece.*

Tenemos que aceptar la naturaleza humana como ella es. Sin darle mucho pensamiento se aceptan, dentro del folklore popular y de una forma bastante extendida, expresiones como: «no le des coco a eso» (no pienses en eso) que se usaban en Cuba, mi tierra natal. Nunca cuestionábamos si esto hacía sentido o no, sino que lo seguíamos al pie de la letra. E informalmente comprobábamos que a quienes no seguían el consejo no les iba bien. Estas tradiciones que se habían decantado durante muchas decenas de años, pudiendo hasta provenir de España o del Africa Occidental, eran gotas de sabiduría. Y representaban simplificaciones decantadas por siglos de experiencia, sobre lo que hemos estado tratando. Si aceptamos las cosas que nos vienen sin ofrecer resistencia, se marcharán por sí solas. Pero si las tratamos de erradicar o examinar, por una u otra razón, se quedaran con nosotros mas tiempo que el debido, crecidas por la atención que les prestamos.

A pesar de que los pensamientos y emociones que tenemos son muchas veces conscientes, es decir, nos damos cuenta de su existencia, ellos tienden a ser siempre espontáneos. A menudo nos toman por sorpresa. Y vienen casi siempre en seguidillas, con algunos de los mismos siendo subconscientes. Con ellos es que debemos de comenzar a practicar la aceptación. Si no podemos aceptar nuestros propios pensamientos, mucho menos podremos hacerlo con nuestros hábitos, comportamientos y actuaciones. Para justificar que no debemos prestarles atención, muchas veces nos decimos a nosotros mismos que tenemos ideas alocadas (lo cual también viene del conocimiento popular). Por lo tanto, esto también lo aprendemos de nuestras costumbres sociales, y hasta de nuestra propia experiencia instintiva. Poco a poco vamos sabiendo a qué pensamientos y emociones hacerles caso, y a cuáles no. Y según maduramos, algunos de los que nos atormentaban, los logramos aceptar y casi hacerlos desaparecer. Aceptamos las pesadillas y los miedos infantiles, y desviamos la atención para concentrarla en otras cosas. Pero si las rechazamos, lo cual implica el hacer fuerza contra ellos, concediéndolas audiencia, prestándoles atención, dándoles importancia, y preocupándonos, entonces se pueden convertir en fobias, compulsiones y obsesiones, lo que equivale en el fondo a un comportamiento infantil respecto de las mismas.

Sin embargo, algunas personas se molestan con la inesperada aparición de emociones o pensamientos negativos, o de algunos de ellos. Por ejemplo, los que desean controlar todo lo que se relaciona consigo mismo, o que tienden a ser perfeccionistas, reaccionan con rechazo a estos pensamientos irracionales. Consideran que los mismos son peligrosos o que significan una menor valía de las personas. Desgraciadamente no se dan cuenta que lo problemático de los mismos no es el tenerlos, sino la preocupación por ellos, que puede dar pie a una obsesión, compulsión o fobia. Para este tipo de individuos lo mejor es lograr la aceptación de los pensamientos y emociones, reconociendo que todos tienen un propósito positivo, pues nos alertan contra posibles peligros o situaciones difíciles, en las cuales requerimos actuar de una forma esmerada. Es decir, nos imaginamos los problemas que nos pueden acontecer, para asegurar que los evitemos. Y otras veces nos hacemos conscientes de nuestros pensamientos (acompañados de emociones) irracionales y negativos, para prevenirnos de que puedan influir nuestra actuación.

e) Enfatizando lo Positivo Reducimos lo Negativo

Como hemos dicho justo arriba, si logramos apreciar el propósito de los pensamientos irracionales, podremos cambiar nuestra evaluación de los mismos. De esta manera lo que lucía negativo, lo podemos convertir en positivo. Al fin y al cabo la apreciación de un pensamiento como positivo o negativo se hace internamente, a través de uno que otro juicio de valor, que infelizmente muchas veces quedan ocultos en el subconsciente o inconsciente, a menos que decidamos rescatarlos de este anonimato, y forzar de que afloren a nuestra conciencia.

En principio, también debemos enfatizar que todo lo que nos llega a la mente pudiera tener un propósito positivo. Comenzando porque los pensamientos emotivos que no se fundamentan en la razón, son parte de nuestra condición humana, y que aunque lo desconozcamos, seguramente nos ofrecen, en conjunto, un balance positivo de partes buenas y malas. No debemos convertirnos en nuestros propios *deus ex-machina* y tratar de rehacemos orgullosamente como quisiéramos ser. No hay que olvidar que las mayores tentaciones fraguaron a los santos más grandes, y que aquellas no se convierten en pecado mientras las aceptamos por lo que son, y no caigamos voluntariamente en el regodeo o la acción que ellas sugieren.

De aquí es que se genera la idea de ver todo desde el lado positivo. Realmente esta es una postura filosófica basada en reconocer el poder de la voluntad. En sublimar los pensamientos negativos que nos dicen: «no puedo». Aunque como hemos visto en el párrafo anterior no es necesario llegar a esta postura, la misma es suficiente para asegurar la aniquilación de los pensamientos irracionales. *Y* nos enfatiza que es la voluntad la que al final de cuenta se impone, y que la misma en últimas instancias representa una decisión arbitraria de afirmar, de decir sí, de realizar una elección y afirmar nuestras creencias. Claro está, algunas personas tendrán más facilidad, por su carácter, de dejarse asustar por estas ideas o la repetición de las mismas, como las personas dubitativas e impresionables, pero todos podemos transformar lo que parecieran fracasos, en éxitos.

f) *Enfatizando lo Positivo*

Como hemos dicho anteriormente, la aceptación es otro mecanismo que nos lleva al éxito. Y de todas formas los dos métodos se pueden combinar. Recuerden que al aceptar los pensamientos negativos se implica que el vacío tiene que llenarse con los positivos, y de esta manera los primeros desaparecerán de nuestra atención. Nuestra actitud, por tanto, debe ser el introducir continuamente cosas positivas en nuestra mente y actuación, y la primera de ellas es el aceptar lo negativo que nos llega.

Es más, lo mismo sucede con el cambio en los demás. Si una persona con la cual tenemos intimidad nos molesta con sus actitudes, lo peor que podemos hacer es rechazarla por eso. Así jamás lograremos que cambie, pues nuestro rechazo cosechará un rechazo de su parte. Sin embargo, si aceptamos su comportamiento, esto seguramente le llamará la atención, y probablemente la lleve a considerar el cambio por si sola, siempre en base a la aceptación de uno mismo. Más aún si esto sucede en un clima de amor, como dijéramos más arriba. ¿Y por qué produce estos prodigios la aceptación? Porque la aceptación tiene que provenir del *amor*, que nos auto-concedemos, o que damos a los demás.

Ya ha habido muchos popularizadores de estas ideas, provenientes originalmente de la escuela racional-emotiva y cognitiva, que han enfatizado cómo nuestra mente tiene «zonas de error», como diría Dyer. Estamos siendo continuamente bombardeados con estos pensamientos, emociones, sentimientos, imágenes, etc., y debemos aceptarlos por lo que son, sabiendo que sólo si les damos audiencia nos pueden afectar. En su lugar debemos voluntariamente introducir pensamientos, emociones, imágenes, etc., positivas o racionales, mientras dejamos estar (aceptamos) a las negativas o irracionales, conociendo que estas últimas provienen de las zonas erróneas.[25] Debemos aclarar finalmente, que esta aceptación implica una serie de pensamientos que

---

[25] Dyer inclusive aplica estos conceptos a hipocondrías y hasta a los primeros síntomas de enfermedades, las cuales afirma no lo afectan, por su concentración en lo positivo, y falta de atención a lo negativo.

quedan sumidos en el subconsciente y que nos dicen: recuerda que estas son emociones irracionales, no las rechaces, acéptalas, pero añade algo racional y concéntrate en eso.

g) *Los Estímulos que Generamos o Recibimos (A)*

Vamos a seguir en los próximos acápites lo que el Dr. Albert Ellis llamó, en sus libros originales de finales de los años 1950 y principios del 1960, la teoría racional-emotiva. En forma más simplificada, este autor después la caricaturizó como la teoría del ABC, y de ahí la letra que aparece entre paréntesis en este acápite.

De pronto nos llega a la mente un pensamiento negativo, y aliado al mismo una sensación emocional irracional (es decir un pensamiento sesgado). Por ejemplo, acabamos de comprar un auto nuevo, pero hay una serie de problemas relacionados con la adquisición. Enseguida nos llega un sentimiento de angustia y de tristeza. Estos representan los estímulos. Debemos aclarar que es frecuente para muchas personas sentir lo segundo (emoción) sin percatarse de la alianza de la misma con el pensamiento que la precedió. Sólo las personas observadoras y conocedoras de estos comportamientos mentales se dan cuenta del relacionamiento. En otras ocasiones los estímulos nos vienen de afuera. Tenemos que cruzar una altura. Nos damos cuenta que nos vamos aproximando a ella, y como consecuencia nos sacude una honda emoción de miedo, y hasta nos asalta el pánico. Sentimos la impresión de que nos vamos a caer al abismo y que moriremos, aunque tenemos conciencia de que todo esto nos lo produce una fobia, pensamos que perderemos el control y que nos despeñaremos por el precipicio.

h) *Las Creencias Guían la Interpretación de los Estímulos (B)*

Una serie de pensamientos y emociones prejuiciados siguen al estímulo como si fueran vagones siguiendo a su locomotora[26].Recuerden que la emoción es un pensamiento sesgado. De algunos de estos

---

[26] Esta percepción se la debemos al Dr. Ramón Boza, profesor de psiquiatría de la Universidad de Miami, y miembro del staff médico del Hospital de Veteranos de esta ciudad.

nos damos cuenta, y de otros no, pues están subsumidos en la bruma de la subconsciencia, siendo por ello más peligrosos. Estos constituyen las reacciones que Albert Ellis simplifica bajo el acápite B de su análisis psicológico de las neurosis hoy ya desmembradas en familias de dolencias mentales como las obsesiones, compulsiones, ansiedades, fobias, pánicos, paranoias, etc. En este momento el individuo experimentando las reacciones al estímulo puede dejarse dominar por esta retahíla de pensamientos sesgados que constituyen falsas creencias, o puede apelar a sus creencias interiores que residen en el núcleo esencial de su existencia. Es importante apuntar que con frecuencia este proceso se realiza en forma intuitiva, instintiva o inconsciente, y el sujeto no se percata de lo que está ocurriendo. También debemos aclarar que cuando nos remitimos a una creencia esencial, ella tiene el suficiente poder para desmenuzar y desmeritar la sarta de emociones que nos afectan, y prevalecer claramente sobre ellas.

De vez en cuando estas creencias emergen a la superficie como un solo, o a veces un conjunto hilado de pensamientos, desarmando la reacción emocional, basada en las creencias irracionales, que primeramente tenemos al estímulo. En otras ocasiones no nos vienen reacciones positivas de nuestras creencias que hagan desaparecer las negativas, sino más bien se produce un pensamiento que nos reafirma nuestras tendencias y esencias básicas, y nos hace patente que las ideas negativas se contraponen a lo que creemos intrínsicamente, y que por tanto no pueden ser verdaderas.

i) *El Comportamiento que Sigue al Estímulo se Hace más Racional (C)*

El comportamiento que viene después del estímulo, y que constituye el último paso en esta cadena rápida de aconteceres, la representamos por la letra mayúscula C. Ya sea que el estímulo sea auto-producido o provenga del exterior, si nos dejamos dominar por el negativismo, la irracionalidad o la emoción, el comportamiento último, mediatizado e intermediado por las creencias irracionales, y las imágenes negativas que las acompañan, va a terminar por generar acciones contraproducentes ala persona. Por ejemplo, si el estímulo consiste en que nos olvidamos de algo que pensamos deberíamos recordar en medio de una reunión amistosa, y después del mismo viene una cadena de pensamientos irracionales que nos hacen concluir que tenemos el Mal de Alzheimer, acto seguido nuestras acciones nos llevarán a inhibimos de participar en lo que resta del convivio.

Por otro lado, si las reacciones finales al estímulo están ligadas a un reconocimiento de la mediatización producida por una serie de pensamientos y reacciones irracionales, podremos desvestir la negatividad de las mismas, y hacer del paso intermedio B un proceso racional que produce un comportamiento consistente con ideas racionales. En el ejemplo utilizado en el párrafo anterior, si ante el momentáneo olvido de ciertas cosas inolvidables, y a la sarta de creencias irracionales, que ya venimos rumiando por un tiempo, que nos aseguran la llegada del Alzheimer, se produce una apelación a la sensatez, la reacción final seguirá otro camino. En estas últimas circunstancias nos daríamos cuenta de lo comunes que son estas faltas de memoria, y lo exagerado que resulta el concluir, azuzados por el pánico, que de pronto hemos sido doblegados por la dolencia en cuestión. Entonces la acción que proseguirá es la de ignorar la preocupación y continuar participando activamente en la reunión. Debemos apuntar también que la preocupación por el Alzheimer nos hará más dables a tener olvidos, lo cual tenderá a la falsa confirmación de que somos presa de esta enfermedad.

Generalmente nuestras acciones son el resultado de las fuerzas que se baten en las instancias A y B. Si tenemos percepciones de nuestros pensamientos errados, y los aceptamos sin seguirlos, podremos entender nuestras tendencias naturales a la irracionalidad (intrínsecas de los seres humanos) y dirigir nuestras acciones hacia la cordura. Y aunque no comprendamos lo que nos está ocurriendo en forma perceptiva y nítida, nuestras tendencias instintivas, y creencias más básicas y profundas, nos ponen sobre aviso de que no nos debemos dejar impresionar por los pensamientos irracionales, y que la voluntad nos dicta que debemos proceder a comportamos sensatamente, descartando estas falsas creencias neuróticas. Es por esto que nuestro comportamiento acaba siendo siempre más racional que lo que pensamos, imaginamos y emotimos (emocionamos).

j) *La Voluntad y la Motivación son las Claves*

Para vencer todos los problemas descritos en este capítulo, las fuerzas más poderosas que tenemos a nuestro favor son la voluntad y la motivación. Esta última es realmente uno de los acicates de la primera, pero queremos mencionarla expresamente, porque se ha concluido que sin la misma es muy difícil vencer los hábitos y las compulsiones. En muchas ocasiones hemos visto que las personas que se quejan de que no pueden superar estas anormalidades, en realidad no se han propuesto seriamente el cambio. Las mismas no están dispuestas a ejercer el poder de la voluntad para abandonar los caminos ya roídos de la vagancia, el alcoholismo, la agorafobia, etc., a través del esfuerzo de dominio y conocimiento de sí mismo que ello requiere.

Es necesario reconocer al mismo tiempo ciertas limitaciones de la voluntad. Al igual que no podemos controlar enteramente la naturaleza, nosotros, que somos parte de ella, no podemos controlarnos por entero. Por ello debemos estar sobre aviso de que vencidas las compulsiones y hábitos, van a recurrir las tendencias naturales a continuamente querer volver a estas malas costumbres. Seria idílico pensar que podemos controlar con nuestra voluntad lo que surge en nuestra mente, y por ello debemos contar con la recurrencia de las fuerzas negativas ya nombradas, como también de pensamientos negativos, negaciones («denials»), represiones y disonancias cognitivas. Estas nos acompañaran hasta el final de nuestros días. Pero la voluntad sí puede impedir que volvamos a flaquear ante estas negatividades, y actuar siguiendo a las mismas, más allá de la inevitable y poca importante presencia de las mismas en nuestras mentes.

Como hemos apuntado más arriba, los pensamientos negativos por sí solos, como aquellos relacionados con las compulsiones, malos hábitos, obsesiones y otras facetas de las neurosis humanas, nos hacen percatarnos de lo que esta pasando en nuestras mentes cuando afloran a la superficie. Si se mantienen ocultas en nuestra subsconciencia no podemos reconocerlas, y es más fácil que de esta manera influyan sobre nuestro comportamiento. La preocupación es una de las maneras de rescatarlas del aparente anonimato que mantienen ante nuestros sentidos, y por ello es que la misma tiene el poder de ayudarnos a hacernos conscientes de la existencia de las mismas. Claro está, mientras no nos preocupemos excesivamente. Al hacernos conscientes de las fuerzas mentales que nos pudieran estar influyendo, podemos neutralizarlas con la razón, y evitar que insospechadamente afecten nuestras acciones.

IX

LA CONCIENCIA DE LA INCONSCIENCIA

a) *Revelando la Inconsciencia: la Densidad y los Niveles del Pensamiento.*

Muchos hombres bien «leídos y escribidos», y hasta los profesionales del ramo en numerosas instancias, consideran que el subconsciente de cada persona, y aún más fuertemente el inconsciente, permanecen ocultos a los individuos. Nada más lejos de la realidad. Cuando la famosa jugadora de tenis Martina Navratilova presentaba una cierta expresión facial, su entrenador, que como ya se ha hecho común en los deportes, tenía un fuerte entrenamiento psicológico, podía describir acertadamente la cadena de pensamientos que pasaban, supuestamente inconscientemente, por la mente de la jugadora. Ella confirmaba, después de un auto-examen, que éste era el caso. Pero no sólo Martina, sino cualquier persona, podría haberlo logrado por sí misma.

Obviamente hay que reconocer que hay dos niveles a los que nos estamos refiriendo. Uno de ellos está más escondido que el otro, y es el inconsciente. Con el subconsciente, sin hacer mucho esfuerzo, tenemos una vaga noción de los pensamientos que nos aquejan. Los del inconsciente están más sumergidos en nuestro ser, y se necesita una labor detectivesca para llegarlos a conocer. Pero debemos distinguir entre éste, y los pensamientos y sentimientos supuestamente reprimidos de nuestra infancia, que requieren del mayor esfuerzo para conocerlos y reconocerlos. En ciertos casos necesitaríamos de ayuda profesional para localizarlos y definirlos, ya sea de un psicólogo, psiquiatra o psicoanalista, pero en la mayoría de las ocasiones, inclusive este descubrimiento está a nuestro alcance si hacemos un fuerte, concentrado y repetido esfuerzo introspectivo.

¿Cómo es que se descubre el subconsciente y el inconsciente? Es a través del análisis de nuestras acciones donde se encuentra la cornprobación más fácil o directa. Si vemos que nuestra boca está salivando, y no estamos mirando ni oliendo ninguna comida, es que nos hemos recordado de un plato suculento. Igual que en el caso mencionado justo arriba de Martina Navratilova, y sus expresiones faciales ligadas a sus pensamientos y emociones sub o inconscientes, de nuestra acción de salivar podemos traer a la superficie el recuerdo del bocado que habíamos saboreado o que nos dio gusto. De igual manera un pensamiento o emoción, si los seguimos retroactivamente, sus pistas van a llevarnos a fuerzas mentales inicialmente ocultas, que los determinaron o produjeron.

b) *El Poder del Subconsciente para Influir Nuestras Acciones es Limitado.*

En realidad, nuestras acciones son determinadas por fuerzas inmediatas y racionales en la gran mayoría de las veces. Es cierto que en algunas ocasiones fuerzas emocionales de tipo explosivo preponderan, y apagan nuestra razón. Pero lo que existe escondido en nuestro subconsciente se mantiene fundamentalmente en el nivel de los sueños y la fantasía; de lo que quisiéramos pero no podemos alcanzar. Por ello nuestra imagen subyacente de tirarle una trompetilla al jefe, no llega a hacerse realidad. Hoy en día los psicólogos y psiquiatras que tratan los desórdenes obsesivo-compulsivos logran corregirlos en meses, atacando las causas próximas de estas fobias, sin seguir la ruta que antaño habían puesto erróneamente de moda los psicoanalistas, de descubrir en la subconsciencia su prístino y/o pasado origen.

Conociendo las acciones que estamos llevando a cabo como consecuencia del inconsciente o el subconsciente, podemos tratar las (C) en el mecanismo de Ellis, sin tener que examinar las circunstancias que las activan (A). Para ello sólo tenemos que hurgar nuestros sistemas de creencias (beliefs en inglés) expresadas a través de pensamientos y emociones, que constituye la **(B)** del autor.

Después de practicar este método repetidamente y con frecuencia, se convierte en algo natural, que realizamos espontáneamente. Notamos por nuestras acciones y emociones que algo irracional o negativo nos esta influyendo. Como ha apuntado Dyer, sabemos que esto procede de las zonas de error en nuestras mentes, o como hubiera comentado el Padre Anthony De Mello S.J., de los deseos que surgen de nuestra débil naturaleza humana (miedo, egoísmo, desamor, etc.), y los ignoramos a través de afirmar nuestra creencia, de que no hay nada que nos pueda forzar a actuar o sentir por falta de razón o negativismo.

c) *La Imaginación y los Sueños (Día y Noche)*

La mayoría de los pensamientos y emociones que genera nuestro organismo son semejantes a sueños que tenemos mientras estamos despiertos. El mecanismo creativo de los mismos es nuestra imaginación. El soñar de día es una sucesión de imágenes que nos colocan en situaciones hipotéticas que construimos con el objetivo de experimentar escenarios alternativos. Aunque estamos muy lejos de conocer con algún grado de precisión porque hemos sido creados de esta manera, no cabe duda de que ello no va en desmedro de nuestra persona, sino más bien lo contrario.

Ya se sabe que los sueños que tenemos mientras estamos dormidos tienen un propósito importante. Ellos acontecen durante una de las etapas que ocurren mientras dormimos, y durante la cual nuestros ojos se mueven rápidamente. Durante estos relativamente cortos períodos en los que soñamos con intensidad, nuestro cerebro esta fijando en su memoria todo lo que nos ha acontecido durante el día, y haciéndolo más asequible a nuestro recuerdo. A través del soñar también repasamos nuestras experiencias diarias de forma simbólica, y prevenimos situaciones difíciles que tendremos que confrontar.

Los sueños que tenemos durante el día, en los que nuestra imaginación ensaya y nos hace conscientes de posibles fallos, es una forma de prevenirnos de que estos sucedan. Soñamos despiertos sobre los posibles peligros que podríamos correr, mientras consideramos las situaciones en la que nos encontraremos en el futuro cercano. Experimentamos también al mismo tiempo sensaciones esporádicas de nerviosismo, y a veces miedo. Todo esto se asemeja a las experiencias somníferas de movimiento rápido de ojos (rapid eye movement o sueño REM).

d) *Reconocer las Contribuciones de los Pensamientos Negativos*

Todos tenemos pensamientos negativos o irracionales. Son tres las clases de estos pensamientos, en relación con nuestra conciencia: inconscientes, subconscientes o conscientes. Lo primero que tenemos que reconocer es que estos últimos son los más útiles para prevenirnos de peligros o situaciones difíciles que pudiéramos tener que sobrellevar. Los subconscientes, y aun más los inconscientes, nos resultan mucho más difíciles de controlar, en término de las influencias que pudieran tener sobre nuestro comportamiento.

Claro, que si no nos damos cuenta del provecho que nos pueden traer, y en vez, nos asustamos de ellos, y consideramos de que son presagios de lo que nos irá a ocurrir, entonces les daremos una atención indebida, que equivaldría a pensar que los sueños son realidad, y que nuestros pensamientos son hechos de la vida real. Ahí estaríamos mal interpretando ideas que sólo existen en nuestra mente, y que únicamente constituyen un eficaz mecanismo de defensa imaginativa.

Inclusive si interpretamos bien estos pensamientos irracionales y emotivos, y por tanto negativos, nos percatamos que los mismos nos ponen sobre aviso del peligro de impresionarnos, sugestionamos y acomplejamos con ellos. Tener un poco de miedo escénico y nerviosismo antes de hablar en público debe ser considerado como una preparación normal, previa al evento, que hace fluir la adrenalina en nosotros. El preocupamos por ellos nos sobre avisa de los peligros de darle importancia a los síntomas, para que no lo hagamos. Como acostumbraba a decirnos el Dr. Juan Cortes S.J., nadie se ha muerto de no dormir, pero es posible que alguien haya pasado al otro mundo como consecuencia de las preocupaciones continuas sobre la falta de sueño.

e) *Cambiando el Inconsciente Usando Pensamientos Positivos*

Como ya hemos dicho anteriormente, cuando los pensamientos negativos o emocionales nos asaltan, lo mejor es no combatirlos directamente, sino que con nuestra voluntad concentramos en pensamientos y acciones positivas o racionales. Mientras más nos dejemos molestar o afligir por los pensamientos o sentimientos negativos, más difícil será librarse de ellos. Por lo tanto, como ha escrito el Padre Ignacio Larrañaga, debemos hacernos amigos de estos pensamientos irracionales, y hasta darles la bienvenida. O como solía decir el Padre Cortes, reírnos de ellos (y yo diría con ellos). Cuando no estamos enteramente conscientes de los mismos, es más difícil darnos cuenta de su existencia, pero podemos identificarlos a través de sus consecuencias negativas, y cambiar todo este esquema de irracionalidad, a través de anteponer en nuestro ser los pensamientos, emociones y acciones positivas o racionales.

¿Todo esto se dice muy fácil, pero no será muy dificultoso el hacerlo? El secreto es el de darnos cuenta del poder de la voluntad y de la fe aunadas, actuando a través de nuestra mente. El libre albedrío con el que somos concebidos permite escoger entre una cosa u otra. Cuando escogemos a una de ellas, fijamos nuestra atención en la misma, y la otra pasará prontamente al olvido. Escogiendo la racionalidad en nuestras acciones, pensamientos y emociones en estas disyuntivas, limpiaremos cada vez más nuestro sub e inconsciente de sus pensamientos, y emociones negativas, y los comportamientos irracionales que generan. De esta manera mejoraran nuestros desempeños mentales y corporales.

Creo que lo anterior también aclara como la presencia de irracionalidad, inclusive en nuestro in y subconsciente, fomentan una reacción tal que nos ayuda a hacernos mucho más racionales. Nuevamente, de aquí la utilidad, inclusive, de los pensamientos y emociones negativas, pues nos previenen del peligro. Estos probablemente provengan de tiempos ancestrales, cuando la vida del ser humano era mucho más peligrosa, y necesitábamos estar siempre imaginándonos los peligros para huir o pelear *(flight or fight)*. Mientras no permitamos avanzar el miedo, pánico o la parálisis nerviosa que nos puede ocasionar este síndrome, a través de preocuparnos por los síntomas, debemos de contar con estos negativismos como algo que aún hoy día nos ayuda.

f) *Lo Pueril de Combatir los Sentimientos y Emociones Negativas*
Además de todo lo dicho más arriba, hay que reconocer lo efímeros que son los sentimientos y emociones negativas, las cuales, como

también hemos aclarado, no son otra cosa que pensamientos irracionales. Después de ponernos de sobre aviso ante potenciales problemas, todos estos se desvanecen por sí solos, a menos que sintamos molestia o preocupación por los mismos. Esto se debe a que nuestro cerebro es por naturaleza desconcentrado, ya que lo asaltan un sinnúmero de estímulos por segundo. Por lo cual los mismos desaparecen por sí solos, si no nos empeñamos en ponerlos bajo la lupa.

Sucede también que los pensamientos irracionales, que constituyen la fuente de la creación de las emociones y sentimientos, frecuentemente ya los conocemos de antaño. Representan dudas sobre nuestro adecuado comportamiento a las que ya hemos respondido previamente, pero que no nos recordamos instantáneamente de las respuestas que evitarían permanecieran en nuestra conciencia. Si nos demandamos el tener de inmediato una comprensión adecuada de lo que envuelve el estímulo en cuestión, y comenzamos en forma perfeccionista a analizarlo, sólo lograríamos el retenerlo, pues todo lo que sea el pensar o preocuparse por el, equivale a combatirlo.

Finalmente, es necesario reconocer que el ser humano no puede controlar los pensamientos que les llegan a la mente, siendo que lo más que puede lograr es tratar de concentrarse en los positivos y racionales. Además, debemos suponer que el Creador los permite para nuestro bien, igual que dejó que los santos sufrieran las mayores pruebas para que se fraguaran a través de las tentaciones. Al fin y al cabo, no debemos jamás olvidar lo similar que son el pensamiento emotivo e irracional, y la tentación. La fe y la voluntad se templan con estas tribulaciones.

X

SUMARIO Y CONCLUSIONES

a) *Una Esencia Buena*

Nuestras creencias, la **B** en la teoría racional-emotiva del Dr. Albert Ellis, la letra significando «beliefs» en inglés, se hayan bien profundas en nuestra mente. Los pensamientos irracionales y las emociones negativas no las afectan. Estas últimas son pasajeras, y cuando en el fondo de nuestra racionalidad apelamos a una sólida, y casi inmutable creencia, acabamos reafirmando la misma. La negatividad e irracionalidad, al igual que las tentaciones, retan a nuestra esencia, que se caracteriza por una buena sensatez, y en la inmensa mayoría de las veces son repelidas en el corto plazo.

Es importante observar también que cuando no somos racionales en nuestro pensar, la original frase sesgada (A), muy a menudo es sustituida por otra idea irracional. Si le examinamos, este curioso comportamiento muestra que frecuentemente no somos conscientes del segundo pensamiento negativo aliado al anterior, que usualmente afirma: «este primer pensamiento irracional es la verdad, y debes por lo tanto adecuar tus acciones al mismo, o al menos preocuparte y repensar las cosas, a ver de *qué* estás convencido.»

En ciertas ocasiones los pensamientos negativos y las emociones nos hacen pensar que nuestras creencias no son las que verdaderamente existen en nuestro núcleo de buena sensatez. Estas irracionalidades, que aunque, como hemos explicado anteriormente, son fugaces y además irreales, y por tanto no deben tener importancia, no dejan de ser peligrosas, porque nos pueden confundir e impresionar si les damos audiencia. Por ello debemos estar sobre aviso de las mismas, ya sean estén sumidas en el in o subconsciente, o no, a pesar de ser efímeras e irreales.

Si les damos importancia a estas ideas irracionales es como si les

estuviéramos dando vida y permanencia. Entonces, en vez de ser como un soñar despierto, se convierten en parte de nuestra realidad porque les estamos dando vigencia. En este caso sí podrían paradójicamente ser importantes, pues por un período determinado nublarían la clara percepción de nuestro sistema de creencias, que constituye la esencia de nuestro ser. Esto se produce a través de los pensamientos irracionales que siguen a aquel primero, al cual dimos realidad y fijación en
nuestra mente.

b) *Nutrido por la Confianza y la Fe*

Si les prestamos atención a las emociones y pensamientos negativos, y nos preocupamos por ellos, ya sea que los reconozcamos al hacernos conscientes de los mismos, o los intuyamos por los sentimientos negativos que nos impelen, estos pueden afectar nuestras acciones y comportamiento. Por tanto, no debemos darle importancia a los mismos por el potencial de peligro que encierran (aunque no tengan una existencia real y permanente), y si mantienen su presencia por un tiempo más largo, inclusive huir de ellos.

El tener confianza en uno mismo es importante para nuestro buen desempeño. Y para ello tenemos que estar en continua conexión con la esencia de nuestro ser, en la que están fijadas nuestras verdaderas y profundas creencias. Por ello no debemos dejar que estos pensamientos irracionales empañen el espejo en el cual nos vemos como verdaderamente somos. Por tanto, cuando el agua caliente de la emoción produce un espejismo empañado, debemos *inmediatamente* recobrar nuestra verdadera visión de lo que somos, a través del agua fría de la indiferencia y la razón.

La auto-confianza surge de la esencia buena, racional y positiva donde se albergan nuestras creencias. La misma está basada en la fe, ya que tenemos que suponer el valor del ser humano, que es extensivo a nosotros mismos. Nuestro auto-valor es evidente porque existimos,
habiendo sido creados, y este es el punto de partida de todo lo que somos y tenemos. No solo tenemos valía por lo que somos, sino porque lo demás (la realidad) existe, porque es a través de nuestros sentidos que la percibimos. De no ser así, no sabríamos de la existen-

cia de algo fuera de nosotros mismos.

c) Si Dios no Existiera Tendríamos que Inventarlo

Es imposible dar lo que no tenemos. Es por ello que para creer, aprender y conocer es imprescindible tener confianza en sí mismo. Si no la tenemos no podemos creer en nada, pues tenemos que tener fe en nosotros para considerarnos capaces de tener fe en algo. Lo mismo podemos decir sobre aprender a conocer. Si no creemos en nosotros mismos, cómo sería posible poder tener la seguridad de que estamos aprendiendo o conociendo lo cierto.

La duda y la fe siempre están presentes en todo, y en forma más importante en la ciencia y la religión. La duda sirve para reafirmar la auto-confianza, como la tentación nos reafirma nuestra intención de quedar libre de pecado. Realmente estas dudas son como los pensamientos negativos, que hemos visto nos pueden ayudar a huir de situaciones peligrosas o prepararnos para el mejor desempeño. En última instancia, tanto las pequeñas como las grandes cuestiones se resuelven en términos de fe.

Sin un creador es muy difícil el poder entender nuestra existencia. Es más improbable pensar que ha habido un proceso de autogeneración para todo el universo, o inclusive lo mínimo de materia necesaria para la Gran Explosión («Big Bang»). Como es racional el suponer que fuimos creados, ya este esfuerzo nos concede valor, especialmente porque nada de lo que conocemos ha sido creado, tiene la capacidad de auto-crearse sin ADN («DNA» en inglés). De esta dignidad que todos tenemos por la vida que se nos ofreció, se infiere la confianza que debemos tener en nosotros mismos de poder tener fe y entender todo lo que nos rodea. La fe en nosotros mismos es intrínsecamente nuestra, pues genética e instintivamente la intuimos, igual que la programación por la que todos los animales rigen sus actos. Pero esto no quita que tengamos dudas, y que estas se puedan extender hasta nuestro valer intrínseco.

d) *Lo Instintivo y lo Aprendido*

Si lo que antes se ha expresado se conociera ampliamente, no tendría el ser humano esta tendencia comprobada a sentirse inferior. Todo esto por dentro, porque la gran mayoría de la gente se sobrepone a ello, la mayor parte de las veces. Probablemente contribuya a nuestro complejo de inferioridad la inmensidad de la creación, y lo pequeño que nos sentimos dentro de ella. Como también que tenemos que transmitir a cada persona que nace, todo lo que va más allá del instinto, es decir enseñarles todo el conocimiento acumulado por la humanidad. Mucho de esto necesita de nuestra *fe* en que podremos hacer cosas que un infante siente son bien difíciles al despertar su conciencia: como leer.

Algo que aprendemos muy temprano en la escuela además de la fe, es el poder de la voluntad. Intuitivamente, esto es lo que hizo posible el que pudiéramos gatear, balbucear, caminar, hablar y no hacer nuestras necesidades en un pañal. Hay otra cosa más misteriosa que hemos descubierto, y que nos viene del Creador. El amor que Dios sintió por nosotros cuando hizo posible la Creación, y nuestra presencia dentro de ella.

Aparte de los instintos, nos condiciona lo que aprendemos, lo que también hace posible el desarrollar en nosotros capacidades que nos preparan para la vida. Pero para ello tenemos que aprender cosas en base a la fe, el conocimiento acumulado y la voluntad de convencernos. Por tanto, el creer en cualquier cosa es algo que sólo requiere inmediatamente de nuestra volición de querer hacerlo. Algunos dudan de la existencia del Cristo histórico, pero creen que el cartaginés Aníbal cruzo los Alpes con una manada de elefantes domesticados, con mucho menos evidencia como base.

e) *¿Qué Debemos Hacer?*

La capacidad del ser humano de hacer cosas más allá de lo genéticamente heredado y que está estampado en nuestro instinto, depende de nuestra fe y voluntad en el proceso de aprendizaje de la herencia de conocimientos de nuestros antepasados, y después, de la formación de hábitos que devienen de nuestra conducta repetitiva. Esta repetición tiene como consecuencia que las cosas que hemos aprendido a hacer, se convierten eventualmente como instintivas en nosotros (en inglés se diría «second nature»), y que no tenemos que tener cuidado, prestar atención o esforzarnos al hacerlas. Como escribieron Popper y Eccles en *The Self and Its Brain,* el aprendizaje los convierte en automáticos.

Todos los seres humanos padecen también de una serie de atavismos que complican nuestra efectividad en actuar, pensar, reaccionar, etc. Estas son realmente señales de peligro y preocupaciones sobre nuestra eficiencia, que si las entendemos y las aprovechamos, pudieran hasta tener efectos beneficiosos. Debemos reconocer que al igual que los sueños (dormidos o despiertos) estas constituyen parte de la retroalimentación normal que tiene el ser humano, y que ha desarrollado como parte del proceso evolutivo. Lo que debe quedar claro es que muchos de estos pensamientos (o emociones, imágenes, etc.), ya sean conscientes o subconscientes, sólo son parte de la realidad en cuanto existen en nuestra mente, pero en su esencia no son parte de lo que existe fuera de nosotros, o de nuestra verdad interior. Son estas dos últimas las que deben orientar nuestras decisiones y comportamiento.

En contraste, las acciones son parte de la realidad, y es por ello que las mismas están imbuidas de pensamientos racionales, y emociones o sentimientos positivos. Estos últimos, al igual que la racionalidad, son los que propenden a nuestro bien, haciendo sentirnos mejor, ser más exitosos, experimentar una mayor felicidad, etc. Podemos dejar nuestros pensamientos discurrir hasta la irracionalidad sin ningún peligro; nos es permitido dar rienda suelta internamente a nuestras imágenes e ideas; somos libres de experimentar emociones y sentimientos sin angustias, mientras existan solamente en nosotros mismos, pero no en la realidad exterior o interior. Cuando se trata de la vida real, y de las consecuencias que trae, no podemos darnos el lujo del negativismo y la irracionalidad, y entonces actuamos cónsonos con lo que realmente creemos.

f) *Libertad y Voluntad*

Podemos escoger lo que queremos hacer y creer, aunque no los pensamientos, estímulos y emociones que afloran en nuestra mente. Sin embargo, como se nos ha dado el libre albedrío y la voluntad, tenemos la discrecionalidad de dirigir nuestra atención a los sentimientos, imágenes y pensamientos que nos conciernen, desviándolos de los que no nos interesan o nos pudieran molestar o perturbar. Además, tenemos el poder de concentrarnos en aquellos asuntos que nos parezcan beneficiosos o atrayentes.

La voluntad que Dios nos ha dado es poderosa. Nos permite rechazar las más potentes tentaciones. Controlar las más irrefrenables emociones. Sobreponemos a los más profundos sentimientos. Superar las más poderosas tendencias de nuestro instinto de conservación. Realizar hazañas heroicas inimaginables. Aguantar sufrimientos extraordinariamente dolorosos. Sacrificarnos por la solidaridad humana, y actuar heroicamente sirviendo a loables ideales. El poder de concentración que nos regala permite que trabajemos por días, olvidándonos de nuestros deseos más básicos (hambre, sueño, etc.) hasta obtener una meta.

Es por eso que usando nuestra libertad podemos modificar nuestra conducta, y canalizar nuestros pensamientos y emociones, en aras de la obtención de un propósito determinado. Por ello firmemente creemos que cuando algún individuo expresa que no puede cambiar una conducta nociva, es porque no quiere o no sabe como. Este libro ha dado varias indicaciones de que es y como superar este marasmo, y de la manera en que debemos aprovechar las irracionalidades y los negativismos incandescentes (es decir, que no permanecen en nuestra mente porque cuesta la concentración o dado que son sustituidos por otros diferentes) para alertarnos de fallas o peligros potenciales.

g) Lieben, Arbeiten *y la* **Felicidad**

El amor (lieben) significa aceptación. Tan pronto comencemos a aceptarnos, comenzaremos a querernos. Si estuviéramos disgustados con lo que somos y lo que hacemos, no nos podríamos amar, porque estaríamos deseando nuestro cambio, que es una inconformidad con lo que somos en el presente. Esto no quiere decir que nunca queramos corregir nuestros defectos. Pero el primer y más efectivo paso para ello es el saber que nos aceptamos, lo cual, por cierto, implica que nos conocemos y nos amamos.

Como hemos dicho anteriormente, la vida implica no sólo amor, sino también trabajo (arbeiten). Esto nos lleva a la felicidad, si los abrazamos con plenitud y los vivimos plenamente. Para ofrecer cariño a los demás tenemos que amarnos (y por lo tanto aceptarnos) a nosotros mismos. Si en nuestro interior no respiramos una actitud amorosa para lo que somos y vivimos, no se podría de manera alguna transmitirlo a los demás. Recuerden que nadie puede dar lo que no tiene. Si no nos queremos, no sabríamos ni podríamos querer al prójimo (como a uno mismo).

Cuando Freud habló en esta forma de lo que constituye vivir, y de como éste podría ser feliz si lo definimos de una manera muy sencilla, lo más difícil fue aceptar que el trabajo es algo placentero. Pero hasta un pensador existencialista como Baudelaire exclamaba: <dl faut travailler, sinon par gout, au moins par desespoir, puisque tout bien vérifié, travailler est moins ennuyeux que s'amuser». (Debemos trabajar, sino por gusto, al menos por desesperación, puesto que después de verificado todo muy bien, el trabajar es menos tedioso que el divertirse). Más aun, si nos ponemos a cavilar cuidadosamente sobre por qué nos mortifica el trabajo, nos damos cuenta de que la mortificación es un reflejo condicionado basado en una definición arbitraria que hemos adoptado. Pero si cuestionamos este proceso, nos damos cuenta de que estamos aceptando como cierto un pensamiento irracional. Tan pronto confrontamos esta emoción negativa contra el trabajo, que nos embarga, lo podemos evaluar como lo que realmente es, una actividad vital de la cual siempre podemos sacar provecho, y que objetivamente nos puede gustar. Contrasten estas actitudes con las que tienen aquellos que hacen un hábito dominante del trabajo (en inglés «workaholics»), que cometen un error semejante de definición y de falta de razón desde el otro extremo.

h) *Aceptando la Pena, la Culpa, la Vergüenza, el Miedo, la Ansiedad, el Pánico y Otros Negativismos*

Todas estas tendencias son más o menos naturales en el ser humano (no estamos refiriéndonos, claro está, a los enfermos mentales). Los que más las tienen son más precavidos. Los que menos las tienen son menos cautelosos. Los últimos tienden a tener menos éxito en la vida a mediano y largo plazo. Por tanto, debemos hacernos amigos de todas estas emociones e irracionalidades. Es cuando nos preocupamos por ellas, las consideramos enemigas, y las rechazamos, que tienden a crecer en nosotros de una manera anormal. Si las aceptamos no podrán tener influencia negativa sobre uno mismo.

Recuerden que el sentirse inferior es ser humano. Ante la enormidad de Dios y su creación es lógico tener estos sentimientos. Los demás animales, que navegan por el instinto, no se sienten ni inferiores ni superiores porque viven instintivamente. Ni sufren ni gozan de estos negativismos e irracionalidades que tiene el ser humano, pues carecen de libre albedrío, voluntad y raciocinio.

Al hombre no deben sorprenderle estos negativismos, pues significan, paradójicamente, que podemos comprender nuestra posición en el universo. Nos sabemos dependientes, pero al mismo tiempo reconocemos nuestra superioridad en comparación con los animales, porque podemos cambiar, aunque sea de forma infinitesimal, al mundo, dada nuestra libertad. Pero al mismo somos criaturas y no creadores, y por tanto dependientes del Altísimo. Por todo esto, el estar conscientes de los negativismos implícitos en nuestra existencia, es positivo. Así contamos con ellos, y no nos pueden sorprender y/o perjudicar.

i) *Nunca Preocuparse, Nunca Auto-Juzgarse, Nunca Dudar*

La preocupación es el talón de Aquiles del ser humano. Los pensamientos que continuamente nos pasan por la mente son por lo general aves pasajeras. Muchos de ellos van acompañados de imágenes y emociones negativas. Pero conociendo la imaginación típica del hombre y la mujer, la gran mayoría de ellos los dejaremos pasar sin consecuencias. Sin embargo, si algo de esto nos preocupa, queda como atrapado en nuestra conciencia. Entonces comenzamos a darle vueltas, y es muy posible que se nos ocurran otros pensamientos negativos aliados al primero. Todo lo anterior puede llegar a constituir una cadena cada vez más preocupante de irracionalidad, que aumenta progresivamente nuestro grado de preocupación, hasta poder desembocar, en caso extremo, en un pánico, una parálisis mental y hasta una crisis nerviosa. Todos estos fenómenos, provocados por una preocupación original, traen consigo nuevas irracionalidades, aún más preocupantes. La mejor forma de parar este mecanismo es a base de fuerza de voluntad, y con el convencimiento de que este es un proceso común que nos acontece cuando nos dejamos impresionar, sugestionar, inhibir o acomplejar con algo. Haciendo fe en lo anterior, frenamos la preocupante cadena de negativismos en seco, sin darle más «coco» (cavilación o especulación) a ello. Lo peor que podemos hacer es tratar de razonar durante el proceso, ya que estamos afectados por el nerviosismo, o combatirlo frontalmente a base de tratar de borrar los pensamientos y emociones embargantes de nuestra mente. Estas estrategias son contraproducentes, pues concentran nuestra atención en el negativismo, y lo fortalecen multiplicativamente. Debemos dar de lado a esta retahíla de pensamientos sesgados, y poner otros en su lugar, como la creyente afirmación de que no debemos regodearnos en los negativismos que nos aquejan, y mudar la atención hacia otros asuntos, a través de nuestra volición. Más tarde o más temprano, las irracionalidades emotivas desaparecerán, pues constituyen falsas evidencias apareciendo como si fueran reales (fear). En inglés «false evidences appearing real».

j) *Del Inconsciente, al Subconsciente, al Consciente*

Ambos extremos son malos («virtus in medio est»), según una de las reglas más básicas de la sabiduría humana. En la vida diaria, mientras estamos haciendo cosas y simultáneamente percibiendo experiencias, no debemos ni ignorarlas del todo, ni fijar nuestra atención en ellas. Más bien debemos mantenernos vaga y ligeramente al tanto de lo que nos está sucediendo, para poder tomar medidas correctivas cuando estas sean requeridas, pero al mismo tiempo *no* sobre-racionalizar los estímulos que percibimos, reaccionando de forma compulsiva-obsesiva, y haciéndolos foco de nuestros pensamientos.

Nuestra mente consciente puede manejar simultáneamente alrededor de siete pensamientos en la memoria mediata. Por lo cual podemos estar vagamente conscientes de varias cosas, aunque nos estemos concentrando mayormente en dos o tres. La capacidad de hacer tareas múltiples al mismo tiempo, es algo que adaptamos de nuestra mente al elaborar las computadoras. Y para hacerlo no necesitamos de grandes esfuerzos, ya que es parte de nuestra naturaleza, y podemos efectuarlo relajadamente. Claro está, en cada momento nos estaremos concentrando en algún pensamiento en particular, para poder ser eficientes en nuestro desempeño. Pero esto no impide que estemos ocupándonos de mantener las otras pelotitas (actividades físicas o mentales) en el aire, como buenos malabaristas.

Finalmente, debemos entender y convencernos de que las ideas inconscientes y subconscientes no están sumidas en la bruma del misterio. Las mismas pueden ser recobradas en cualquier momento ejercitando de cierta forma nuestra memoria y raciocinio. La manera de hacerlo es prestar atención a la última emoción o pensamiento del que nos hemos percatado, y remontar este río cuesta arriba hasta el nacimiento de este torrente de ideas. Poco a poco iremos descubriendo pensamientos y emociones anteriores, que hilvanados, dieron origen a la sarta de sensaciones que nos trae hasta el presente. No estamos aseverando que este procedimiento es fácil de realizar, sino que es factible para cualquier hombre o mujer armadas de paciencia, con una memoria razonable y un cierto espíritu detectivesco. Por otro lado, el incentivo para llevarlo a cabo es grande, pues descubriremos como nuestros pensamientos y emociones arbitrarias determinan nuestro comportamiento, y dada la negatividad e irracionalidad que prevalece comúnmente en nuestra mente, tendremos amplio margen para mejorar nuestras acciones.

Con este último y poderoso concepto terminamos nuestro resumen sobre las ideas vertidas en esta monografía. Hemos visto que el bienestar humano es asequible en este mundo, pero no lo concede la materia, sino el espíritu, en el que todos somos ricos. Vale la pena terminar reconociendo la perfecta felicidad de Jesús en medio de su sacrificio, porque nos estaba redimiendo. Son los otros (el prójimo), como su ejemplo señaló, los que nos llenan plenamente, nos hacen felices y nos realizan. Por lo cual, otra manera de poner en práctica lo expresado en este libro, es seguir el ejemplo de Jesucristo.

Otros libros publicados en la
COLECCIÓN FÉLIX VARELA
(Obras de pensamiento cristiano y cubano)

1) 815-2 MEMORIAS DE JESÚS DE NAZARET, José Paulos
2) 833-0 CUBA: HISTORIA DE LA EDUCACIÓN CATÓLICA 1582-1961 (2 vols.), Teresa Fernández Soneira
3) 842-x EL HABANERO, Félix Varela (con un estudio de José M. Hernández e introducción por Mons. Agustín Román)
4) 867-5 MENSAJERO DE LA PAZ Y LA ESPERANZA (Visita de Su Santidad Juan Pablo II a Cuba). Con homilías de S.E. Jaime Cardenal Ortega y Alamino, D.D.
5) 871-3 LA SONRISA DISIDENTE (Itinerario de una conversión), Dora Amador
6) 885-3 MI CRUZ LLENA DE ROSAS (Cartas a Sandra, mi hija enferma), Xiomara J. Pagés
7) 888-8 UNA PIZCA DE SAL I, Xiomara J. Pagés
8) 892-6 SECTAS, CULTOS Y SINCRETISMOS, Juan J. Sosa
9) 897-7 LA NACIÓN CUBANA: ESENCIA Y EXISTENCIA, Instituto Jacques Maritain de Cuba
10) 903-5 UNA PIZCA DE SAL II, Xiomara J. Pagés
11) 921-3 FRASES DE SABIDURÍA (Ideario), Félix Varela (Edición de Rafael B. Abislaimán)
12) 924-8 LA MUJER CUBANA: HISTORIA E INFRAHISTORIA, Instituto Jacques Maritain de Cuba
13) 941-8 EL SANTERO CUBANO. Religiones Afrocubanas y Fe Cristiana, P. Raúl Fernández Dago
14) 948-5 GOTITAS DE FE, Xiomara J. Pagés
15) 956-7 FÉLIX VARELA PARA TODOS /FÉLIX VARELA FOR ALL (1788-1853). LA PERSONA, SU MUNDO Y SU LEGADO / THE PERSON, HIS WORLD AND HIS LEGACY. Rafael B. Abislaimán
16) 981-7 CON LA ESTRELLA Y LA CRUZ - HISTORIA DE LA FEDERACIÓN DE LAS JUVENTUDES DE ACCIÓN CATÓLICA CUBANA (2 vols.),Teresa Fernández Soneira
17) 985-x HISTORIA DE LA IGLESIA CATÓLICA EN CUBA (2 vols.), Monseñor Ramón Suárez Polcari
18) 998-1 EL PROYECTO VARELA, Alberto Muller
19) 334-7 EL DESAFÍO DE LA SÁBANA SANTA, Instituto de Solidaridad Cristiana
20) 8-002-2 APUNTES DE ESPIRITUALIDAD IGNACIANA (De algunas conferencias, meditaciones y pláticas de Ejercicios Espirituales), Federico Arvesú, S.J, M.D.
21) 8-010-3 EPISCOPOLOGIO CUBANO II. MIGUEL RAMÍREZ DE SALAMANCA, SEGUNDO OBISPO DE CUBA 1527-1534, P. Reynerio Lebroc Martínez

22) 8-017-0 LA REAL Y PONTIFICIA UNIVERSIDAD DE SAN GERÓNIMO DE LA HABANA: FRAGUA DE LA NACIÓN CUBANA, Salvador Larrúa Guedes
23) 8-032-4 IGLESIA CATÓLICA Y NACIONALIDAD CUBANA (Memorias de los cuatro Encuentros Nacionales de Historia convocados por la Comisión Nacional de Pastoral de Cultura de la Conferencia de Obispos Católicos de Cuba, celebrados en la ciudad de Camagüey, Cuba). Editor Joaquín Estrada Montalván.
24) 8-033-2 CUBA: LIBERTAD Y RESPONSABILIDAD, DESAFÍOS Y PROYECTOS, Dagoberto Valdés-Hernández (Edición de Gerardo E. Martínez-Solanas)
25) 8-040-5 FÉLIX VARELA: PORTA-ANTORCHA DE CUBA, Josephn y Helen M. McCadden. Edición de Amalia V. de la Torre. Traducción de Ignacio R. M. Galbis
26) 8-041-3 UNA FE QUE ABRE CAMINOS, Araceli Cantero-Guibert
27) 8-048-0 EN LA BÚSQUEDA DE LA FELICIDAD, Ernesto Fernández-Travieso, S.J.
28) 8-075-8 FÉLIX VARELA: PROFUNDIDAD MANIFIESTA I
Primeros Años de la Vida del Padre Félix Varela Morales: Infancia, adolescencia, Juventud. (1788-1821), P. Fidel Rodríguez
29) 8-080-4 SÍGUEME. EJERCICIOS ESPIRITUALES PREDICADOS, Padre Amando Llorente, S.J.
30) 8-091-x EN LA BÚSQUEDA DE LA FELICIDAD, P. Ernesto Fernández-Travieso, S.J. / Segunda edición corregida y ampliada.
31) 8-095-2 MISCELÁNEA CUBANA, Instituto Jacques Maritain de Cuba
32) 8-097-9 ACU. 75 ANIVERSARIO A.M.D.G., Salvador E. Subirá
Historia de la Agrupación Católica Universitaria
33) 8-104-5 PARA NO SER UN RINOCERONTE MÁS, Ernesto Fernández Travieso, S.J.
34) 8-120-7 PEREGRINANDO A SAN AGUSTÍN. AL ENCUENTRO DEL SIERVO DE DIOS, PADRE FÉLIX VARELA, Rafael B. Abislaimán
35) 8-128-3 DISCOVER YOUR CHARACTER, Marcelino García, S.J.
36) 8-130-4 EL ISLAM VISTO POR UN CRISTIANO, Efrén Córdova
37) 8-139-9 NIÑOS QUE TRIUNFAN / LEADING CHILDREN TO SUCCES. CENTRO MATER. Su historia y sus colaboradores, Teresa Fernández Soneira (Edición bilingüe: español-inglés).
38) 8-150-9 EPISCOPOLOGIO CUBANO III: DIEGO DE SARMENTO, TERCER OBISPO DE CUBA, 1535-1547, P. Reynerio Lebroc Martínez (LCCC#) / ISBN-13: 978-1-59388-150-4 / OBRA COMPLETA: ISBN-13: 978-1-59388-151-1
39) 8-155-9 MÁRTIR DE GUAJAIBÓN. HOMENAJE A JULIÁN MARTÍNEZ INCLÁN /MARTYR OF GUAJAIBÓN. TRIBUTE TO JULIÁN MARTÍNEZ INCLÁN, José M. González-Llorente (Ed.). Edición bilingüe español e inglés. Traducción al inglés de Modesto Alonso.
40) 8-159-2 IN THE PURSUIT OF HAPPINESS, P. Ernesto Fernández-Travieso, S.J.
41) 8-185-1 LA PSICOLOGÍA DEL BIENESTAR, Jorge Salazar-Carrillo

www.ingramcontent.com/pod-product-compliance
Lightning Source LLC
Chambersburg PA
CBHW030529080526
44586CB00011B/375